인간해킹

HUMAN HACKING

손상윤 지음

심리검사 개발자가 집필한 인간관계 기본서

인간해킹

바른북스

"사람의 감정에도 공식이 있다!"

SBS, TBS eFM 출연했던 3만 심리 크리에이터 집필

3년간 심리검사를 개발하며 깨달은 인간관계 해킹공식

★★★★★
휴먼인사이드 심리검사
개발자 집필

59가지 인간관계
심리코드 큐레이팅

★★★★★
『이코노미조선』, 『데일리안』,
『중앙선데이』 인터뷰

왜 인간해킹인가?

인류에게 일어난 모든 문제는 모두 인간관계로부터 시작되었다. 그리고 그 문제들의 원인은 서로 소통에 실패했기 때문이었다. 같은 언어를 사용하고 같은 사회문화를 공유하고 있을지라도, 결국 서로 성격이 다르고, 정서적 민감도가 다르며, 가치관이 다르고, 지능과 역량이 판이하게 다르다는 한계는 언제나 우리들의 삶에 시련을 안겨준다.

우린 본능적으로 나를 중심으로 느끼고 생각한다. '나라면 그렇지 않았을 텐데'라는 생각은 문제를 해결하는 데 도움이 될 것 같지만, 실제로는 대부분 그렇지 못하다. 책의 제목을 자극적인 '인간해킹'으로 지은 이유는 이러한 확증편향과 인지오류를 범할 수밖에 없는 인간의 한계를 통찰적이고 비약적으로 극복하고자 하는 작가의 의도 때문이다. 우리가 속한 사회 공동체가 더 지능적이고 전략적으로 소통할 수 있는 미래로 나아가기 위해 독자들에게 더 강하게 어필하고 싶었다. 이 책은 다양한 심리적 지식과 테크닉으로 구성되어 있긴 하지만, 결국엔 더 나은 인간관계를 실현하고자 하는 목표를 두고 있다는 사실을 책의 서두에서 반드시 강조하고자 한다.

인간은 사회적 존재이다. 야생의 초원에서 살아남았던 유일한 방법은 집단과 관계를 형성하여 안전을 보장받는 것이었다. 그래서 가족, 친구, 동료 등 우리 주변의 모든 사람들과의 관계는 태초부터 우리의 정체성과 삶의 질을 형성하는 중요한 요소다. 인간관계는 우리에게 안정과 만족을 주기도 하지만, 동시에 오해와 갈등으로 스트레스를 준다. 왜냐하면, 인간은 매우 복잡한 심리 구조를 지닌 존재이기 때문이다. 인지오류, 동기에 의한 추론, 확증편향 등 잘 알려진 구조적 문제부터 시작하여, 개인마다 다른 정서민감성과 가치관, 그리고 정보의 처리 패턴과 결정과 행동의 형태 모두가 제각각이라는 점은 흥미롭지만, 감히 해킹을 하겠다고 덤빌 마음을 품을 수조차 없을 정도로 복잡하다.

이러한 이유로 인간은 서로를 완벽하게 이해하는 것은 거의 불가능에 가깝다. 우리는 모두 다른 경험과 가치관을 지닌 채 상호작용하고, 그 과정에서 끊임없이 서로를 오해하고 해석하며, 속단했다가 또

돌아본다.

사실, 타인의 생각과 감정을 온전히 파악하는 것은 현실적으로 불가능하다. 우리는 어쩔 수 없이 각자의 경험과 인식 체계에 따라 타인의 행동을 해석할 수밖에 없다. 3차원 세상에서 고작 오감에 의해 감지된 데이터만으로는 오해와 갈등이 발생할 수밖에 없다. 단순한 말 한마디가 상대방에게는 깊은 상처로 다가오거나, 무의식적인 행동이 냉담함으로 오해될 수 있다.

이러한 오해는 불필요한 갈등을 초래하고, 우리의 삶에 불필요한 갈등과 비효율성을 가져다준다. 하지만 상대의 행동 패턴과 그 원인을 제대로 파악할 수 있다면 어떨까? 내가 감정적으로 동요하기 전에, 상대의 행동의 심리적 동기와 방어기제를 꿰뚫어 볼 수 있다면 어떨까? 만약 그럴 수 있다면, 이 인간관계만큼은 내가 관리하고 극복할 수 있다는 것을 의미한다. 또한, 어차피 갈등이 불가피하다면, 이를 관리하고 극복할 수 있는 전략을 배워야 하지 않을까? 이 책은 이러한 질문에 대한 답을 찾기 위해 집필되었다. 갈등을 분석하고 해킹하는 방법을 학습하고, 이를 통해 인간관계에서 더 나은 길을 찾는 것이 가능하다는 점을 강조하고자 한다.

『인간해킹』은 인간의 심리를 제대로 분석할 수만 있다면 반드시 불필요한 갈등을 줄이고 인간관계를 의도한 대로 이끌어 갈 수 있다는 믿음으로부터 출발한다. 이 책은 인간의 심리를 체계적으로 분석하고, 각 심리요소를 통해 타인과 자신을 이해하는 실질적이고 구체적인 방법을 제시한다. 여기서 '심리요소를 해킹한다'는 것은 단순히 심리적 특징을 파악하는 것을 넘어서, 더 나아가 그 본질을 깊이 이해하고 이를 전략적으로 활용하는 과정을 의미한다. 심리요소에 대한 깊은 이해를 통해 우리는 인간관계를 더 효과적으로 이끌고, 갈등을 예방하거나 관리하며, 상호 간에 긍정적인 영향을 미칠 수 있다. 인간의 심리적 특성을 공부하고 이해하는 것은 인간관계에서 무력감이나 지나친 폭력성을 줄이고, 보다 관계를 건강하게 형성하고 유지하는 데 핵심적인 역할을 한다.

이 책은 단순히 실용적인 트릭만을 알려주기 위해 집필된 것이 아니다. 물고기를 낚는 원리를 알면 어떤 바다에서도 살아남을 수 있듯, 인간해킹의 핵심 원리는 각 개인의 심리적 특성에 대한 심층적 통찰을 기르는 것이다. 사람들은 각기 다른 심리적 특성을 가지고 있으며, 이러한 특성은 그들의 행동, 의사결정, 그리고 타인과의 상호작용에 중요한 영향을 미친다. 이를 탐구하고 통찰할 수 있다면 우리는 상대방이 특정 상황에서 어떤 반응을 보일지를 미리 예측할 수 있으며, 이를 바탕으로 더 효과적인 소통과 관계 형성을 이뤄나갈 수 있다.

예를 들어, 상대방이 불안을 느끼는 상황에서 그 불안의 원인이 되는 요소를 간파하고, 그에 맞는 방식으로 대응할 수 있다면, 갈등을 예방함과 동시에 신뢰까지 구축해 내는 데 큰 도움이 될 것이다. 이 책은 수많은 심리요소들 중 인간관계를 개선하기 위해 큐레이팅 된 핵심적인 심리요소들을 분석하고, 이러한 요소들이 어떻게 인간 행동에 영향을 미치는지를 체계적으로 설명한다. 이를 통해 독자들은 인간관계에서 겪는 막연한 어려움을 왜 느끼게 되었는지 깨닫고, 구체적인 전략과 통찰을 바탕으로 깊이 있는 인간해킹 역량을 키울 수 있을 것이다. 이는 단순히 타인을 이해하는 것을 넘어서, 자기 자신을 이해하고 성장시키는 중요한 과정이기도 하다.

세상에 수많은 자기계발서가 있지만 그걸 읽는 100명 중 단 한 사람도 제대로 변화하지 못한다. 그만큼 아무리 훌륭한 통찰을 담고 있더라도 실용적이고 현실적인 실행으로 이어지지 않으면 소용이 없다는 뜻이다. 이 책은 단순한 이론적 설명에 그치지 않는다. 이 책에서 제시하는 모든 내용은 실제 삶에 적용할 수 있는 실용적인 전략들이다. 인간의 심리적 구조를 이해하고 이를 바탕으로 관계를 개선하는 일은 결코 쉬운 일이 아니지만, 그 과정에서 얻게 되는 성취는 그 무엇과도 바꿀 수 없을 정도로 가치 있다.

우리는 모두 더 나은 관계를 원하지만, 그 방법을 찾지 못해 갈등과 혼란을 겪는 경우가 많다. 이 책은 그러한 혼란 속에서 독자들에게 명확하고 구체적인 길을 제시하고자 한다. 심리요소를 이해하고 이를 실생활에 적용하는 것은 새로운 언어를 배우는 것과 같다. 처음에는 낯설고 어려울 수 있지만, 익숙해진 다음에는 그 언어를 통해 더 많은 사람과 소통할 수 있게 되는 것처럼 말이다. 결국엔 심리요소를 이해하고 이를 효과적으로 활용하는 능력은 우리에게 더 많은 가능성을 열어줄 것이다.

덧붙여서, 이 책을 통해 독자들이 얻게 될 통찰과 변화가 개인의 삶을 넘어 주변 사람들과의 관계에도 긍정적인 영향을 미치기를 바란다. 『인간해킹』은 단순히 개인적인 도구가 아니라, 더 나은 사회적 상호작용을 통해 우리 모두의 생산성을 향상시키기 위한 영향력이다. 이를 통해 우리는 주어진 수명 안에서 더 단단하고 더 효용 있는 삶을 만들어 나갈 수 있다.

비록 인간관계에서의 어려움은 피할 수 없는 현실일 수 있지만, 그것을 극복할 수 있는 역량 또한 우리 안에 존재한다. 이 책이 독자들이 그 가능성을 발견하고 키워나가는 데 중요한 도구가 되기를 바란다. 여러분이 이 책을 통해 습득하게 될 통찰과 기술이 더 건강한 자아, 더 효과적인 인간관계, 그리고 궁극적으로 더 생산적인 사회를 만드는 데 기여할 수 있기를 진심으로 바란다.

CONTENTS

협조성/준거성

적응지향성/결정지향성

타인 애착 모델

CHAPTER

04

외향성 심리 모델

CHAPTER

05

내향성 심리 모델

개방성 심리 모델

결정과 실행 심리 모델

인간해킹 메커니즘

닫는 말   인간해킹이 필요한 이유

심리요소란

심리요소의 정의

심리요소란 인간의 감정, 사고, 행동 등을 형성하는 다양한 심리적 특성들을 말한다. 이러한 요소들은 개인의 성격, 감정적 반응, 그리고 타인과의 상호작용 방식을 결정짓는 중요한 역할을 한다. 예를 들어, 정서민감성, 개방성, 불안의존 애착 등은 각 개인이 상황에 따라 어떤 행동을 보일지를 예측할 수 있게 하는 주된 심리요소들이라 할 수 있다. 이러한 요소들은 개인의 내면적 특성을 반영하는 구조이므로, 외부 자극으로부터 반응하는 방식, 직면한 문제를 해결하는 방식, 더 나아가 사람들과의 사회적 관계를 맺는 방식에 절대적인 영향을 미친다.

이 책에서 다룰 심리요소는 최소 59개 이상으로, 먼저 445개로 설정된 심리요소 풀에서 인간해킹을 위한 우선순위에 따라 최종 선별하였다. 심리요소의 예로는 정서민감성, 협조성, 개방성과 애착 모델, 외향과 내향을 기본으로 빌드된 심리 모델 등이 있다. 예를 들어, 정서민감성이 높은 사람은 다른 사람의 감정에 민감하게 반응할 뿐만 아니라 본인 스스로도 외부의 자극에 쉽게 감정이 동요할 수 있다. 반면, 정서민감성이 낮은 사람은 감정적 반응이 덜하고 상대적으로 차분한 상태에서 특정한 판단을 내리는 경향이 강하다. 이러한 차이는 타인과의 상호작용에서 큰 영향을 미치며, 때로는 갈등의 원인이 되기도 한다.

  또한, 외향성이 높은 사람은 다른 사람들과의 소통에 거리낌이 없고 에너지와 동력을 얻는 경향이 있다. 이들은 사교적이고 외부 자극에서 활력을 얻는다. 반면, 내향성이 강한 사람은 혼자 있는 시간에 더 편안함을 느끼고 개인의 경험과 기억으로부터의 회상과 성찰에 집중한다. 이러한 심리요소들은 개인의 행동 양식을 설명하고 예측하는 데 유용한 도구로 작용한다.

심리요소를
활용하는 이유

인간해킹의 목적을 위해 가장 효과적인 도구 중 하나는 심리요소이다. 심리요소를 이해하고 활용하는 것은 개인 간의 차이를 명확히 파악하고, 더 나아가 사람들과의 관계를 효과적으로 관리하기 위해 가장 효율적이다. 비용 대비 편익을 고려하면 이보다 더 부가가치가 높은 방법은 없다.

우리가 심리요소를 제대로 이해하고 활용한다면 상대방의 행동을 더 잘 예측할 수 있어 매우 쉽고 빠르게 최적화된 접근 방식을 선택할 수 있다. 예를 들어, 협조성이 낮은 사람에게 강압적인 태도로 접근하는 것은 갈등을 유발할 수 있지만, 그들의 감정과 의견을 존중하는 방식으로 다가가면 훨씬 더 긍정적인 결과를 얻을 확률이 높아진다. 이렇게 심리요소를 제대로만 소화한다면 우리가 더 효과적인 소통과 협력을 이끌어 낼 수 있다. 이처럼 훌륭한 결과로 흐르는 과정을 이 책에서는 '인간해킹'이라고 표현한다.

더 나아가, 심리요소는 사람들 간의 오해를 줄이기 위한 가장 작은 단위의 정보와 같다. 똑같은 상황에서 똑같은 언어를 사용하더라도 갈등이 발생하는 것은 사람들이 서로의 심리적 특성을 이해하지 못하고 자기중심적으로만 세상을 바라보기 때문에 발생한다. 정서민감성이 높은 사람은 작은 말 한마디에도 상처를 받을 수 있는데, 냉정하고 고압적인 태도로 접근한다면 그들의 대화는 소통이 아니라 불통이 되어버린다. 이것이 바로 심리요소가 인간관계를 보다 원활하고 긍정적으로 만들 수 있는 이유이다.

심리요소의 활용은 비용과 효율뿐만 아니라, 복잡한 인간관계의 특성을 고려했을 때도 가장 효과적이다. 그리고 심리요소를 활용하면 일반화된 분석과 차별화된 분석을 모두 진행할 수 있다. 어디서부터 어디까지가 일반적인 분석이며, 또 어느 영역은 그 사람 고유의 성향으로 봐야 할지 등을 구분하는 역량은 이 책에 담긴 심리요소들을 학습하며 충분히 기를 수 있다. 이 책을 통해 우리는 상대방의 행동과 반응을 더 깊이 통찰할 수 있으며, 이를 바탕으로 더 전략적으로 접근할 수 있다. 이를 통해 갈등을 줄이고, 협력을 강화하며, 더 나아가 상대방의 동기와 욕구를 충족시키는 방식으로 관계를 발전시킬 수 있다.

예를 들면, 개방성이 높은 사람에게는 새로운 아이디어나 혁신적인 방법론을 제시하는 것이 효과적일 수 있지만, 개방성이 낮은 사람에게는 안정성과 검증된 근거를 강조하는 접근이 더 적합할 수 있다. 이러한 차이를 이해하고 활용함으로써, 우리는 각 개인에게 맞는 맞춤형 접근을 통해 더 나은 결과를 이끌어 낼 수 있다. 이러한 사실을 만약 전혀 몰랐다면, 더 나은 아이디어를 제시했음에도 불구하고 30년 된 고리타분한 방식을 고수하는 겁쟁이라고 비난하게 되는 순간을 맞이할 수도 있다.

 이 책에서는 심리요소를 활용해 인간을 해킹하는 방법을 선택했다. 이 방법을 수행하기에 앞서 이러한 심리요소를 정확히 파악하기 위해서는 매우 잘 고안된, 디테일한 심리검사 도구 역시 필요하다. 저자는 인간해킹을 위해 독자들에게 '휴먼인사이드 심리검사'를 추천한다. 이 심리검사를 통해 개인의 심리적 특성을 명확히 파악하면, 이 책을 활용할 때의 정확성과 성공 확률을 끌어올릴 수 있다. 검사 결과에는 각 심리요소별로 높고 낮음이 세밀하게 나와 있어 개인에게 최적화된 맞춤형 접근을 가능하게 한다. 이를 통해 우리는 더 나은 인간관계를 구축하고, 갈등을 줄이며, 궁극적으로는 서로에게 긍정적인 영향을 미칠 수 있다. 이 책의 마지막에서는 심리요소를 가장 효과적으로 파악할 수 있는 심리검사가 함께 추천된다.

CHAPTER 1

정서민감성

심약함

정서민감성의 첫 번째 심리요소인 '심약함'은 심리적으로 '약하다'라는 의미를 가지고 있다. 여기서 약하다는 것은 직관적인 의미로써, 다른 사람의 감정이나 외부 상황에 쉽게 영향을 받으며 상처를 잘 받는 성향을 일컫는다. 쉽게 말해, 스트레스 상황에 놓이면 필요 이상으로 과도하게 부정적인 감정을 느끼는 것이며, 이로 인해 심리적으로 취약한 상태가 되어버리는 성향으로 정의할 수 있다.

심약함은 주로 타인의 부정적인 말이나 행동에 예민하게 반응하는 것을 말한다. 그래서 이러한 상황에서 특히 스스로를 방어하려는 경향을 보인다. 이러한 특성은 인간관계에서 자주 불안과 두려움을 유발하고, 상대방의 반응을 지나치게 신경 쓰게 만든다. 예를 들어, 상대방이 자신의 의견에 대해 부정적으로 반응하면 타인보다 더 쉽고 빠르게 기분이 나빠지고 자존감에 상처를 받을 수 있다.

또한, 심약한 사람은 긍정적인 피드백에 의존하는 경향이 있다. 왜냐하면 부정적인 피드백에 매우 취약하기 때문이다. 즉, 부정적인 피드백을 두려워하기 때문에 타인의 칭찬이나 인정이 없으면 쉽게 불안해질 수 있다는 것이다. 이는 인간관계에서 불안정한 모습을 보이게 할 수 있으며, 스스로를 보호하려는 방어기제를 강화시킨다.

반면, 심약함이 낮은 사람은 다른 사람의 평가에 크게 신경 쓰지 않고 자신만의 기준을 지키며 행동하는 경향이 더 강하다. 타인의 부정적인 평가가 본인만의 기준 혹은 객관적인 수준과 너무 다를 경우, 어렵지 않게 흘려보내거나 비판적으로 받아치기도 한다. 이처럼 심약함은 개인의 감정적 반응성에 큰 영향을 미치며, 인간관계에서 불안과 자존감에 직결되는 중요한 요소다.

심약함의 또 다른 특징으로는 사회적 비교 경향성이 있다. 심약한 사람은 자신을 타인과 비교하는 경향이 강한데, 이는 필연적으로 잦은 불안감에 휩싸이는 원인이 된다. 예컨대 다른 사람의 성과나 능력을 보며 스스로를 과소평가하거나, 자신이 부족하다고 느끼게 되는 경우가 종종 발생할 수 있다. 이러한 비교는 자존감이 지속적으로 약화되는 악순환을 야기하며, 인간관계에서 미세한 위화감이 느껴졌을 때 갑자기 소극적으로 돌변하는 패턴이 나타난다. 실제로 만약 친구나 동료가 좋은 성과를 내는 것을 보면 자신은 그에 비해 부족하다고 느껴 심리적 위축을 경험할 수 있다. 이러한 사회적 비교는 결국 심약함을 더 강화시키는 구조를 만들어 낸다.

또한, 심약한 사람은 감정여과 현상을 겪을 수 있다. 감정여과란 긍정적인 경험보다는 부정적인 경험에 더 집중하고, 그 영향을 오래도록 느끼는 경향을 말한다. 예를 들어, 하루 중 여러 긍정적인 일이 있었더라도 한 번의 부정적인 경험이 모든 긍정적인 기억을 덮어버리는 것이다.

심약함 수준이 심각할 경우, 생각지 못한 곳에서 부작용이 드러날 수 있는데, 그것은 바로 본인의 역량에 대한 불신과 불안으로 인한 언어 퍼포먼스의 품질 저하다. 실제로 저명한 언어학자인 스티븐 크라센 박사의 언어습득에 관한 조건에서의 5가지 가설 중 감정여과장치 가설(The Affective Filter Hypothesis)에 따르면, 심약함이 심각한 상태(학습자의 자신감이 심각하게 약하고 불안 상태가 높은 상태)에서는 감정여과의 수준이 극도로 높아져 언어적인 역량에서 손해를 볼 수 있다는 것이다. 이는 심약함이 극도로 높은 사람들이 불안한 상태에 놓였을 때 똑 부러지고 조리 있게 상대방에게 대꾸하거나 치열한 논쟁에 임하는 것에 어려움을 겪는 현상을 설명할 수 있는 흥미로운 가설이다. 이처럼 심약한 사람은 부정적인 감정에 강하게 반응하고, 이를 극복하는 데 어려움을 겪는다. 이는 개인의 전반적인 행복감에도 부정적인 영향을 미치며, 대인관계에서 더욱 불안정한 태도를 취하게 만든다.

심약함을 해킹하는 맞춤형 전략

사람을 해킹한다는 건 곧 내가 의도한 상태로 상대방을 이끈다는 것을 의미한다. 여기서 중요한 진리가 있는데, 그것은 바로 인간은 환경을 이길 수가 없다는 것이다. 그래서 상대방을 해킹하기 위해서는 상대방이 선호하는 환경을 조성하거나, 상대방이 불편해하는 환경을 소거하는 것에 집중해야 한다.

● 안정감 제공

먼저 심약한 사람과의 상호작용에서는 그들의 감정적 반응을 파악하고, 신중하게 다가가야 한다. 심약함을 해킹하기 위한 첫 번째 핵심적인 키워드는 '안정감' 제공이다. 심약한 사람은 자신이 안전하다고 느낄 때 더 편안하게 대화를 나눌 수 있기 때문에, 상대방에게 안정적인 환경을 제공하는 것이 중요하다. 예를 들어, 그들이 의견을 말할 때 경청하고, 그 의견을 존중하는 태도를 보여주는 것이 필요하다. 이를 통해 심약한 사람은 자신이 존중받고 있다는 느낌을 받을 수 있고, 이는 자연스럽게 자존감 향상으로 이어질 수 있다. 비록 상대방의 의견이 터무니없거나 틀렸을지라도, 그것을 바로 강력하게 쏘아붙이거나 윽박지르는 것은 의사소통을 실패로 이끄는 지름길이다.

상대방에게 안정감을 제공하는 것은 일반적으로 타당한 행동이지만, 심약함이 높은 사람을 대할 때는 각별한 주의가 필요하다. 이들은 말의 내용뿐만 아니라, 말하는 태도와 분위기 그리고 그 감정 상태에도 손쉽게 휘둘릴 수 있다. 또한, 대화가 이뤄지고 있는 물리적인 환경 역시 안정감을 느낄 수 있게 조성되는 것이 좋다. 예를 들면 대화하는 장소나 상황 자체가 불안정할 경우, 아무리 타인이 섬세하게 안정감을 제공하려고 할지라도 별 효과를 보지 못할 수도 있다.

만약 나 자신이 심약함이 높아서 고민이라면, 과학적이고 실용적인 방법을 실행하는 것이 좋다. 인간이 물리적으로 안정감을 느끼기 위해서는 먼저 시각, 촉각, 청각, 후각 중 최소 2가지 이상의 감각에 안정감을 유도해야 한다. 예를 들면 잠시 화장실에 가서 눈을 감고 심호흡을 한다거나, 평소 불안할 때마다 만지작거리며 감정을 다스릴 수 있는 작은 가젯을 준비한다거나, 편안한 음악을 들으며 심신을 안정화하는 향을 맡는 등의 현실적인 장치가 필요하다. 이는 명백히 검증된 과학적인 방법이며, 실제로 많은 심리전문가들이 애용하는 방식이다.

● **긍정적 피드백**

안정감 형성뿐만 아니라 자신감까지 심어줄 수 있는 방법으로는 상당한 빈도의 긍정적 피드백이다. 심약한 사람은 긍정적인 피드백에 의존하는 경향이 있어, 작은 변화나 성과에도 칭찬을 아끼지 않는 것이 좋다. 이를 통해 그들의 자존감을 높이고, 부정적인 자극에 대한 민감함을 줄이는 데 도움을 줄 수 있다. 그러나 이 과정에서 과도한 칭찬은 오히려 부담을 줄 수 있으므로, 진정성 있는 긍정적 피드백이 중요하다. 예를 들어, 단순히 "잘했어."라고 말하기보다는 구체적으로 "네가 이 부분에서 큰 노력을 해줬어, 덕분에 그 결과가 너무 잘 나왔어."라고 말하는 것이 더 효과적이다. 심약함 수준이 높으면 의례적인 칭찬을 의심하는 경향이 강하기 때문에, 칭찬을 하기 전에는 스스로 이것이 진심인지를 되돌아봐야 한다. 그렇지 않더라도, 최소한 진실과 사실을 근거로 삼는 것이 좋다.

만약 내 자신이 심약하다면 스스로에게 긍정적 피드백을 주는 것은 어렵다. 그게 쉬운 사람이었다면 심약하지도 않았을뿐더러, 이러한 고민조차 의미가 없기 때문이다. 대신 긍정적인 피드백을 받을 수밖에 없는 환경에 본인을 노출시키는 방법이 효과적이다. 예를 들어 스스로 재능이 있어 비교우위가 있다고 확실시되는 운동이나 프로젝트에 참여한다거나, 혹은 노력으로부터 긍정적인 리턴까지의 시간이 짧은 활동에 전념하는 방법이 있다. 5m 벽을 오르다가 좌절하기보다는, 10cm 높이의 계단을 대여섯 개 정도 오른 뒤 '할만하네!'라고 느끼는 것이 낫다. 이처럼 스스로 긍정적인 피드백을 받을 수밖에 없는 상황으로 본인을 몰아넣으면 아무리 심약한 사람이어도 충분히 스스로를 해킹할 수 있다.

● 자기확신 부스트

심약함이 높은 사람을 상대할 때 또 하나의 중요한 전략은 자기확신을 키워주는 것이다. 심약한 사람은 타인의 평가에 민감해서 스스로에 대한 확신이 부족한 경우가 많다. 자기확신은 인간이 인생을 주도적으로 살아가게 하고, 전망이 불투명한 상황에서도 도전하게 만드는 중요한 요소이다. 그러나 심약함이 높으면 스스로 갖고 있는 역량과 재능에 비해 훨씬 덜 도전하게 만든다.

그래서 이들에게는 자기 효능감을 키울 수 있도록 작은 목표를 설정하고, 그 목표를 달성했을 때 자신감을 가질 수 있도록 칭찬하는 것이 필요하다. 예를 들어, 사소한 작은 과제를 성공적으로 완수했을 때 칭찬하고, 그 과정에서의 구체적인 성과를 콕 집어주는 것이 좋다. 동시에 칭찬과 인정 과정에서 긍정적인 분위기로 안정감을 함께 유도하는 것 역시 잊지 말아야 한다. 심약한 사람에게 자신이 할 수 있다는 믿음을 심어준다면, 타인의 평가에 덜 의존하게 만드는 효과가 있다. 만약 나 자신이 심약하다면 긍정적 피드백 문단에서 언급했던 것과 같은 방식으로 자기확신을 가질 수밖에 없는 활동에 전념하는 것을 추천한다.

● 인지 재구성

　심약함이 높은 사람에게 효과적인 방법으로 인지 재구성 기법을 생각해 볼 수 있다. 인지 재구성이란 부정적인 생각을 긍정적이고 현실적인 생각으로 바꾸는 과정이다. 심약한 사람은 종종 '나는 문제가 많고 형편없는 사람이다'라는 생각에 빠지기 쉽다. 이럴 때, 그들이 스스로에게 더 긍정적인 메시지를 전달하도록 도와주는 것이 중요하다. 예를 들어, '내가 모든 일을 잘할 필요는 없어, 내가 잘하는 부분에 집중하는 게 나아'라는 식의 긍정적 자기 대화를 유도하는 것이다. 이러한 인지 재구성은 심약함으로 인한 불안을 줄이고, 스스로에 대한 긍정적인 시각을 갖게 만든다.

　심약한 사람의 부정적인 말에는 적극적으로 반박하고, 좋은 점을 부각하여 끄집어내는 것은 생각보다 피곤하다. 왜냐면 심약할수록 인지 재구성 과정이 어렵기 때문이다. 아무리 긍정적인 생각으로 바꾸려고 노력할지라도, "아니, 그렇지 않아."라고 부정적인 반박으로 이어질 확률이 높다. 그러나 고작 몇 번 시도해 보더니 "그래, 넌 그래서 안 되는 거야."라고 되려 화를 내거나 포기한다면 그건 최악의 시나리오다. 인간해킹은 녹록지 않은 작업이기 때문에 반드시 끝까지 책임감을 가져야 한다.

● 팬클럽 네트워크

팬클럽 네트워크를 형성하는 것도 심약함을 해킹하는 중요한 전략이다. 심약한 사람은 혼자서 불안을 감당하기 어려워하기 때문에, 주변의 지지와 지원이 큰 도움이 된다. 친구, 가족, 동료와 같은 가까운 사람들에게서 정서적 지지를 받는 것은 심약한 사람의 불안을 줄이는 데 중요한 역할을 한다. 예를 들어, 어려운 상황에 처했을 때 가까운 사람과 이야기를 나누고, 그들의 지지를 받는 경험은 심약한 사람이 스스로를 보호하고 안정감을 느끼는 데 도움을 줄 수 있다.

특히, 심약함이 높은데 동시에 불안의존성이 높고 사교적인 사람이라면 특히나 팬클럽의 규모를 키워야 할 필요가 있다. 이러한 사람은 가족이나 애인만으로는 본인의 자존감과 자신감을 지탱하기 어려울 수 있다. 따뜻한 소셜 그룹과 인적 네트워킹을 늘려나가고 다양한 사람들에게서 긍정적인 지지를 조금씩 나눠 받는 것이 중요하다.

앞서 언급한 모든 해킹 전략을 지속적으로 수행한다면 정서적인 회복력이 향상된다. 원래 상처받지 않는 사람이 강한 것이 아니라 금방 회복하는 사람이 강한 것처럼, 정서적으로 회복하는 속도를 올릴 수 있는 환경을 조성하는 것을 심약함 해킹의 궁극적인 목표가 되어야한다. 심약한 사람은 쉽게 상처받고 불안해하기 때문에, 스스로를 돌보는 시간이 필요하며, 이 외에도 명상, 운동, 취미 활동 등 긍정적인 정서적 활동을 통해 스트레스를 줄이고 자신의 감정을 조절하는 법을 배울 수 있다. 이러한 활동은 심약한 사람이 일상적인 스트레스와 불안에 더 잘 대처하도록 돕고, 감정적 회복력을 키워준다.

우울

정서민감성의 두 번째 심리요소인 '우울'은 부정적인 감정에 깊이 빠져 있는 상태를 의미한다. 다만, 우울이 높다는 것이 우울 수치가 높다는 뜻이 아니라, 타인보다 더 쉽고 빠르게 우울 상태로 진입하거나 빠져나오기조차 어려운 심리적 특징을 의미한다.

우울은 슬픔, 절망감, 흥미 상실 등의 무기력한 상태와 밀접하게 연결되어 있다. 이러한 상태는 개인의 삶에 전반적으로 심각한 영향을 미친다. 우울한 사람은 일상적인 활동에서 즐거움을 찾기 어렵고, 에너지가 고갈된 느낌을 받으며, 자주 무기력함을 느끼게 된다. 이러한 상태가 지속되면, 개인의 신체적, 정신적 건강에 문제가 발생한다.

우울의 또 다른 중요한 특징은 자기 비하적 사고다. 우울한 사람은 자신에 대해 부정적으로 생각하며, 작은 실수임에도 불구하고 대단히 심각한 실패로 인식하는 경향이 있다. 예를 들어, 직장에서 작은 실수로 곤란한 경험을 했을 때 '나는 엉망진창이야'라거나 '내 망가진 평판은 더 이상 회복할 수 없어'와 같은 극단적인 생각으로 이어질 수 있다. 이러한 부정적인 자기 인식은 우울감을 더욱 악화시키며, 자존감을 낮추는 원인이 된다.

또한, 우울한 사람들은 사회적 고립을 경험하기 쉽다. 매우 사교적인 태생이라면 모를까, 그렇지 않다면 일반적으로 우울에 빠진 사람들은 다른 사람들과의 상호작용을 줄이고 혼자 있는 것을 선택하는데, 이는 대인관계에서 점점 더 멀어지게 만든다. 친구나 가족과의 만남도 부담스럽게 느껴지며, 스스로를 고립시키는 과정을 통해 우울감은 더욱 심화된다. 결국 이러한 사회적 고립은 결국 우울감의 악순환을 만들어 내어, 외로움과 고독감은 좀처럼 가시기 힘들어진다.

인간은 인지적으로 완벽한 존재는 아니지만, 특히 우울한 상태에서는 인지적 왜곡이 심해진다. 우울한 사람들은 현실을 부정적으로 왜곡하여 인식하는 경향이 있으며, 작은 부정적인 사건을 크게 확대해석 하게 된다. 예를 들어, 친구가 한 번 전화를 받지 않았다는 이유로 '넌 그동안 날 항상 귀찮아했어'라고 생각하는 것처럼 말이다. 연인 관계에서 파트너에게 충분한 사랑을 받지 못해 우울에 빠진 경우, 상대방은 평소에 명백히 사랑을 표현했음에도 불구하고 카톡 답장이 조금 늦었다는 이유만으로 '넌 나를 사랑하지 않아'라며 갈등이 시작되는 것 또한 같은 예시다. 이러한 왜곡된 사고방식은 우울한 감정을 더 깊게 만들고, 현실에 대한 부정적인 인식을 강화한다. 이는 우울감에서 벗어나지 못하도록 만드는 주요 요인 중 하나다.

종종 우울감에서 벗어나지 못하고 시간이 흐르게 되면, 일상생활에서 동기 결핍을 경험하게 된다. 이들은 자신이 해야 할 일에 대한 흥미와 의욕을 잃고, 모든 것을 무의미하게 느끼곤 한다. 예전에는 즐겁게 참여했던 활동에도 더 이상 흥미를 느낄 수 없다고 생각하게 되며, 일어나서 무언가를 시도할 의욕조차도 사라지게 된다. 이러한 동기 결여는 일상생활에서의 무기력을 불러일으키고, 대인관계에서도 소극적인 태도를 초래하여 고립감을 증가시키는 결과를 낳는다.

우울을 해킹하는 맞춤형 전략

우울을 해킹하기 위해서는 먼저 우울의 강도부터 파악해야 한다. 일시적인 무기력증이라면 굳이 공들여 해킹까지 해야 할 필요를 찾기 어렵다. 그러나 그 강도와 지속 기간이 심상치 않다면, 정서적으로 어떤 것이 필요한지를 빠르게 찾아 충족시켜 주는 것이 핵심이다. 실제로 우울한 사람은 자신이 혼자가 아니며, 타인에게 이해받고 있다는 느낌을 원한다. 혼자서는 생존할 수 없는 사회적 동물인 인간은 어쩌면 우울이라는 감정을 통해 타인과의 결속력을 확보하게 만듦으로써 생존확률을 높이려는 것으로 유추할 수도 있다. 그렇다면 사회적 결속을 느끼게 해주는 것이 바로 확실한 해결책이 될 수 있다. 그래서 우울한 사람에게는 먼저 그들의 감정을 인정하고, 그들이 느끼는 슬픔과 고통을 수용하는 것이 필요하다. 예를 들어, '네가 지금 얼마나 힘든지 알 것 같아. 네 이야기를 언제든지 들어줄게'라는 식으로 그들의 감정을 수용하고 공감하는 태도를 보이는 것이 중요하다.

● 성취 유도

우물물을 뽑아내기 위해 마중물이 필요한 것처럼, 무기력한 상태를 해킹하는 첫 번째 방법은 바로 성취 유도이다. 물론 무기력한 상태인 만큼, 투자할 수 있는 리소스가 적으므로 작은 수준의 목표 설정이 필요하다. 이 과정에서 함께 성취를 도와주는 것도 우울을 해킹하는 효과적인 방법이다. 예를 들어, '오늘은 집 앞을 산책해 보자'와 같이 가벼운 제안을 해볼 수도 있고, 부루마블이나 루미큐브와 같이 가볍게 해볼 수 있는 부담 없는 작은 목표를 제시할 수도 있다. 다만, 작은 활동 하나를 끝냈을 때는 이것을 작게나마 성취라고 인식할 수 있도록 유도하는 것이다. 이러한 작은 성취 경험은 우울한 사람에게 에너지를 회복시켜 주고, 더 큰 목표에 도전할 수 있는 동기를 부여할 수 있다. 이러한 해킹 전략은 이미 과학적으로 검증된 장치이기 때문에 우울에 빠진 자기 자신에게도 한 번쯤은 힘내서 적용해 본다면 효과가 있을 것이다.

● 신체 활동

신체적 활동을 통해 정서의 변화를 유도하는 것 역시 우울 해킹에 효과적이다. 운동은 신체의 활력을 높이고, 우울감을 감소시키는 데 중요한 역할을 한다. 특히 우울한 상태의 누군가에게는 스트레스를 해소시켜 주고 우울감을 줄이는 데 큰 도움이 된다. 헬스장에서의 가벼운 웨이트 트레이닝이나 30분 정도의 경보는 안정적인 감정을 갖게 만든다. 운동은 뇌를 자극하여 기쁨을 느끼게 하고 몸을 이완시켜 줄 수 있는 엔도르핀과 같은 호르몬을 분비하게 만들기 때문에 가장 직접적이고 빠르게 우울감을 완화하는 데 도움을 준다. 아무리 가볍고 하찮은 운동이더라도 규칙적으로 하게 되면 우울한 사람에게 일상의 활력을 되찾게 하고, 긍정적인 변화를 가져올 수 있다.

● 강요하지 않는 것

우울을 해킹할 때 주의해야 할 점 중 하나는 강요하지 않는 것이다. 우울한 사람에게 긍정적인 태도를 강요하거나, 빨리 회복하라고 압박하는 것은 오히려 역효과를 낳을 수 있다. 중요한 것은 그들이 자신의 속도에 맞춰 우울을 극복할 수 있도록 지원해 주는 것이다. 예를 들어, "왜 그렇게 우울해하고 있어? 답답하네, 너만 손해야."와 같은 말은 피해야 하며, 대신 "비록 지금 힘든 시간을 보내고 있지만, 언제나처럼 잘 극복할 수 있을 거야. 기다릴게!"라고 말하는 것이 반드시 더 효과적이다.

또한, 비판적인 피드백을 전달할 때는 매우 신중해야 한다. 우울한 사람은 비판을 자신에 대한 인격적인 공격으로 받아들일 수 있다. 이렇게 되면 차라리 아무것도 하지 않는 것보다 훨씬 나쁜 결과를 초래할 수 있다. 따라서, 비판적 피드백을 전달할 때는 상대방의 감정을 충분히 고려하고, 구체적이면서도 예의를 갖추고 전달해야 한다. 예를 들어, '슛도 중요하지만 넌 공간 이해도가 좋은 것 같아. 같이 훈련해 볼까?'라는 식으로 대안을 제시하고, 지원의 의사를 밝히는 방식이 효과적이다.

마지막으로, 자기 보호 메커니즘을 명심하는 것이 중요하다. 우울한 사람은 자신을 보호하기 위해 감정적으로 벽을 세우고, 타인과의 거리를 유지하려는 경향이 있다. 이러한 방어기제에 총을 겨누기보다는, 그들이 안전하다고 느낄 수 있는 환경을 만들어 주고, 조금씩 그 벽을 낮출 수 있도록 돕는 것이 필요하다. 이는 우울한 사람에게 신뢰를 형성하고, 그들이 스스로 마음을 열 수 있도록 돕는 중요한 과정이다.

불안

정서민감성에서 '불안'이라는 요소는 사실 가장 중요하다. '편안하지 아니하다' 혹은 '안정적이지 못하다'는 어원적 개념을 고려하면, 개인이 실제 위협이나 위험과 관계없이 과도한 걱정과 긴장감을 느끼는 상태를 의미한다. 여기서 가장 핵심적인 포인트는 바로 '과도함'이다. 과도한 걱정과 긴장은 미래에 대한 불확실성, 통제할 수 없는 상황에 대한 두려움으로 나타난다. 그리고 결국 이러한 불안 상태가 길어질수록 심리적으로 불편해지며 지속적인 스트레스로 이어진다.

불안은 누구나 한 번쯤 경험할 수 있는 정상적인 반응이지만, 지나치게 빈번하고 강하게 나타나면 일상생활에 큰 영향을 미친다. 정서민감성에 있어서 불안 수준이 높은 사람은 이러한 불안한 상태가 쉽고, 빠르며, 지속적이고, 강하게 나타나는 성향을 의미한다. 불안은 때때로 사람을 과도하게 걱정하게 만들고 그 결과 비합리적인 두려움에 휩싸이게 한다. 예를 들어, 중요한 발표를 앞두고 극도의 불안을 느끼며 실패에 대한 두려움에 사로잡히는 것이 이에 해당된다.

불안 상태에 빠지면 현실적으로 가능성이 낮은 최악의 결과를 상상하며, 그에 따라 강하게 불안에 빠지는 특징이 나타난다. 그래서 불안한 사람들은 작은 문제도 심각한 위기로 인식하고, 이를 해결하지 못할 수도 있다는 비관적인 생각으로 이어지기도 한다.

불안한 상태 자체는 신체적 증상을 유발하는 경우도 있는데, 심박수가 빨라지고, 손에 땀이 나거나 근육이 긴장되는 등 신체적 반응이 동반된다. 이러한 신체적 반응은 불안한 상황에서 더욱 악화되고, 일상생활을 하는 데 불편함을 초래한다. 예를 들어, 시험을 앞둔 학생이 과도한 불안을 느껴 집중하지 못하거나, 밤에 잠을 이루지 못하는 경우가 이에 해당된다.

불안은 또한 회피 행동을 유발한다. 불안한 사람들은 불안감을 유발하는 상황 자체를 회피하려고 하며, 이는 장기적으로 봤을 때 문제를 더욱 악화시킬 수 있다. 예를 들어, 사회적 상황에서 불안을 느끼는 사람은 사람들과의 만남을 피하고 혼자 있는 것을 선호하게 되는데, 이러한 행동은 사회적 고립을 초래하고, 불안을 더 심각한 수준으로 만드는 결과를 낳는다. 이처럼 불안은 개인의 행동 패턴에 영향을 미치며, 일상생활에서 다양한 제한을 초래할 수 있다.

이 책에서 다루는 정서민감성에서의 '불안'이 높은 사람들은 지금까지 언급된 증상들을 더 쉽고 빈번하게 느끼게 된다. 불안이 낮은 사람들과 비교하면 더 쉽게 최악의 결과를 상상하기 때문에, 리턴보다는 리스크를 더 고평가하는 경향을 갖는다. 그래서 불안이 높을수록 새로운 도전을 주저하게 되고, 단념하게 된다. 비록 머리로는 새로운 모험을 원하고 도약하길 희망할지라도, 손쉽게 행동에 옮기지 못하고 결국은 쉽고 안전한 길을 선택하는 결과로 이어지는 일이 많다.

불안을 해킹하는 맞춤형 전략

불안을 해킹하기 위한 여러 가지 해결책들이 있지만, 가장 쉽고 빠르게 접근할 수 있는 과학적 방법들을 사용하는 것이 효과적이다. 이러한 방법들은 신뢰할 수 있는 연구와 실험을 통해 그 효과가 입증된 것들로, 불안을 경험하는 사람들이 실제로 적용해 볼 수 있는 실질적인 해결책일 것이다.

● 예측 가능성 제공

불안의 본질적인 원인은 바로 '불확실성'이다. 불안한 마음의 시작은 대부분 내가 원하지 않는 결과가 일어날지도 모른다는 걱정이기 때문이다. 다시 말해, 내가 상황을 알지도 못하고, 통제하지도 못하며, 주도할 수 있다는 믿음이 부족한 상태라고 볼 수 있다. 이러한 상태에서는 앞으로 일어날 상황에 대한 예측 가능성 제공이 불안을 줄이는 데 도움이 될 수 있다.

먼저, 현재까지의 상황을 정리하고 차분하게 인과관계들을 정리해 보아야 한다. 그리고 가능한 한 상황에 대해 명확한 정보를 환기하는 것이 좋다. 예를 들어, 결혼식 전에 만약 결혼식에서 어떤 부정적인 일들이 일어날 수 있는지 그 현실적인 가능성이 높은 순서로 리스트를 작성하는 것이다. 그 과정에서 그동안 얼마나 터무니없는 걱정을 했는지를 자각하는 순간을 경험할 수 있다. 결국, 어떤 일이 일어날지 미리 설명해 주고, 그들이 준비할 수 있도록 도와주는 것이 불안을 완화하는 데 효과적이다. 이는 불안한 상황에서 느끼는 무력감을 줄여주고, 자신이 상황을 어느 정도 통제할 수 있다는 느낌을 제공한다.

● 긍정적 자기 대화 시뮬레이션

혼잣말을 많이 하면 정서적으로 안정감을 찾을 수 있다는 연구결과가 있다. 스스로에게 감정을 밝히고 스스로를 격려하는 방식의 행위는 정서적 안정을 돕는다. 거울을 보며 긍정적인 메시지를 전달하면 불안감이나 스트레스가 완화되며, 이는 심리적 회복력을 높이는 데도 효과가 있다. 특히 자기 격려를 동반한 혼잣말은 불안감과 우울감을 줄이는 데 도움이 된다는 것은 이미 수많은 실험에서도 밝혀진 바가 있다. 예를 들어, '이 상황에서 잘못될 거야'라는 생각 대신, '최선을 다했고, 내가 할 수 있는 만큼 했어. 넌 잘한 거야'라는 식의 긍정적인 자기 대화를 유도하는 것이다. 이러한 자기 대화는 불안을 느끼는 빈도를 줄이고, 긍정적인 사고 패턴을 형성하는 데 도움을 줄 수 있다.

또한, 혼잣말을 통해 스스로에게 무엇이 중요한지를 환기시키는 과정은 자기 통제력을 높이는 데 큰 도움이 된다. 혼잣말을 하면서 받아들일 것은 받아들이고, 통제할 수 있는 조건에만 집중할 수 있도록 스스로에게 지시하는 것이다. 이러한 시뮬레이션을 통해 자신의 행동 조절 역량을 강화하게 되면 심리적으로 중심을 잡고 불안정했던 감정을 다스리는 데 실질적인 도움이 된다.

● 유의사항

불안을 다룰 때 주의해야 할 부분은 과도한 회피와 도망을 줄이는 것이다. 불안한 감정과 상황으로부터 도망치면, 오히려 그 상황에 대한 불안은 더 곪고 커진다. 발표를 앞두고 겁이 난다면 연습을 통해 자신감을 얻어야 해결되는데, 갑자기 배가 아파 발표를 못 한다고 해버리고 회피한다면 그다음에는 어떤 핑계를 대야 하는지 여부까지도 불안의 원인에 추가될 뿐이다. 결국 중요한 것은 불안한 상황을 조금씩 직면하며, 그 불안을 이겨내는 작은 경험을 쌓아가는 과정이다. 이를 통해 불안한 상황에 대한 내성을 기를 수 있다.

또한, 자기 비난을 줄이는 것이 중요하다. 불안을 느낄 때 자신의 약함을 탓하거나 스스로를 비난하는 것은 불안을 더욱 악화시킨다. 불안은 누구나 경험할 수 있는 자연스러운 감정이라는 것을 이해하고, 자신에게 지나치게 엄격하지 않도록 하는 것이 필요하다. 불안

자체는 중립적으로 봤을 때 나쁘지만은 않다. 불안을 통해 인간은 준비하고 훈련하며 그 결과 성장과 발전이라는 긍정적인 결과에 이를 수 있다.

마지막으로, 전문가의 도움을 받는 것을 망설이지 말아야 한다. 불안이 일상생활을 방해할 정도로 심각하다면, 전문가와 상담하여 적절한 치료를 받는 것이 중요하다. 심리상담가 혹은 정신건강전문가의 도움을 받으면 불안을 보다 효과적으로 관리할 수 있으며, 필요시 약물 치료 등의 추가적인 도움도 받을 수 있다.

과잉행동

정서민감성의 네 번째 심리요소인 '과잉행동'은 말 그대로 과도하게 행동한다는 의미이다. 다른 심리요소인 '충동성'과도 서로 영향이 있기 때문에 보통 과잉행동이 높은 사람은 충동성도 약간은 높게 나타나는 경향이 있다. 과잉행동은 일반적으로 타인과 비교하여 무언가를 필요 이상으로 과하게 행동하는 성향으로 설명된다.

과잉행동을 보이는 사람들은 집중력이 부족해지곤 한다. 이들은 한 가지 일에 집중하는 데 어려움을 느끼며, 끊임없이 주의가 산만해지곤 한다. 과잉행동이 있는 사람은 어떤 활동을 시작하더라도 그것을 끝까지 유지하는 것이 어려워지며, 일상적인 작업의 효율성이 떨어진다. 예를 들어, 과제를 하다가도 다른 자극에 의해 금방 주의가 분산되거나, 여러 가지 일을 동시에 시작하지만 끝내지 못하는 경우가 많다.

또한, 과잉행동은 신체적으로도 산만해지는 모습으로도 발현된다. 이들은 자리에 가만히 앉아 있기가 힘들고, 계속해서 몸을 움직이고 싶어 하며, 자주 발을 떨거나 손을 만지는 등 끊임없는 신체적 활동을 보인다. 이러한 신체적 불안정은 학교나 직장에서 오해를 사거나, 다른 사람에게 방해가 될 수 있어, 주변 사람들과의 상호작용에서 어려움을 초래할 수 있다.

과잉행동 수치가 높은 성인의 경우 술을 마셨을 때 그 증상이 심해지곤 한다. 예컨대 분명히 내일 출근을 해야 하는데도 불구하고 술에 취한 나머지 밤늦게까지 2차, 3차까지 달리자고 흥이 올라버리는 것과 같다. 이 외에도 곤란하거나 긴장된 상황, 즉, 스트레스가 높은 상황에서 갑자기 비정상적으로 과격한 결정을 내리거나, 비합리적인 방법을 선택하는 등의 행위 또한 과잉행동의 범위에 포함된다. 평소였다면 결코 그러한 결정을 내리지 않았음에도 불구하고, 정서적으로 민감하게 반응하게 되는 것이다. 이러한 경우는 보통 타인의 시선과 평판에 예민한 사람이 대중 앞에서 곤란한 상황에 직면했을 때 나타나기도 한다.

과잉행동을 해킹하는 맞춤형 전략

과잉행동을 보이는 사람과 상호작용할 때는 그들의 에너지를 보다 차분한 방향으로 전환하고, 집중력을 유지할 수 있도록 돕는 것이 중요하다.

● 체계적/구조적인 환경 제공

쉽게 과잉행동을 보이는 사람들은 클럽, 술자리, 야유회, 빠른 템포의 음악이 들리는 공간 등의 환경에서 더욱 자유분방하게 에너지가 발산될 수 있다. 그렇기 때문에 만약 과잉행동의 빈도와 강도를 줄이고 싶다면 구조화되고 예측 가능한 환경을 제공하는 것이 중요하다. 예를 들어, 하루 일과를 명확하게 계획하고, 일정한 루틴을 유지하는 것이 과잉행동을 줄이는 데 효과적이다. 이렇게 함으로써 과잉행동을 보이는 사람은 예측이 가능한 상황에서 안정감을 느끼고, 충동적인 행동을 줄일 수 있다.

● 짧은 템포의 과업 구성

과잉행동 수준이 높은 사람들은 집중력을 오래 유지하기 어려운 경향이 있다. 그래서 짧지만 자주 휴식을 취하는 것이 중요하다. 예를 들어, 30분 동안 집중한 후 5분간의 휴식을 취하도록 과업 스케줄을 조정하는 것이다. 이러한 짧은 휴식은 과잉행동을 보이는 사람들이 집중력을 재충전하고, 과도한 에너지를 효과적으로 관리할 수 있도록 돕는다.

● 작은 목표 설정

작은 목표 설정 전략은 앞서 언급된 짧은 템포의 과업과 이어지는 해킹 전략이다. 과잉행동을 보이는 사람은 긴 시간 동안 집중하는 데 어려움을 느끼기 때문에, 작은 목표를 설정하고 이를 달성할 때마다 최소한의 성취감을 느낄 수 있는 설계가 좋다. 예를 들어, "20분 동안 이걸 스크랩해서 2페이지를 작성해 줘."와 같이 짧은 시간 동안의 목표를 설정하고, 그 목표를 달성했을 때 칭찬을 해주는 것이다. 이러한 방식은 그들이 자신의 행동을 조절하고, 점차 더 긴 시간 동안 집중할 수 있도록 돕는다.

● 행동 한계선 설정

과잉행동이 쉽고 강하게 발생하는 성향에 대한 또 다른 해킹 전략으로는 행동에 한계선을 설정하는 것이다. 과잉행동을 보이는 사람에게는 상황에 따라 적절한 행동 경계를 설정해 주는 것이 필요하다. 예를 들어, 특정 상황에서 허용되는 행동과 허용되지 않는 행동을 명확히 알려주고, 그에 따라 행동하도록 돕는 것이다. 예를 들어 흥겨운 술자리에서는 귀가해야 할 한계 시간을 설정한다거나, 마셔야 할 술의 제한량을 설정하는 방법이 있다. 이러한 경계 설정은 그들이 사회적 상황에서 적절한 행동을 할 수 있도록 가이드라인을 제공하고, 과잉행동을 줄이는 데 도움이 된다. 이러한 해킹 전략이 지속적으로

적용된다면 나중에는 과잉행동 수치가 높은 사람에게 스스로 본인의
행동이 어디서부터 과도한지 그 레벨을 자각하게 만드는 긍정적인
효과를 기대할 수 있다.

인간해킹

공격성

    정서민감성의 6가지 심리요소 중에서 '공격성'은 '우울', '불안', '심약함' 등과 비교하면 훨씬 인식이 좋지 못하다. 정서적으로 민감한 형태 중 '공격성'이 높다는 것은 개인이 외부의 자극에 대해 쉽게 화를 내고, 충동적으로 반응하는 경향을 의미한다. 공격성은 적대적인 말투나 행동, 분노 폭발 등의 형태로 나타나며, 따라서 대인관계에 어려움을 초래할 수 있다. 공격성을 지닌 사람들은 종종 자신에게 해가 된다고 느끼는 상황에서 즉각적으로 방어적이고 적대적인 태도를 취하며, 그 결과 사회적 갈등을 스스로 악화시키는 결과를 낳곤 한다.

    공격성의 주요 특성 중 하나는 감정 조절의 어려움이다. 비교적 쉽게 공격적으로 변해버리는 성향의 사람들은 감정이 쉽게 고조되고 이를 조절하는 데 어려움을 겪는다. 예를 들어, 작은 비판이나 사소한 오해에도 과도하게 반응하고, 분노를 참지 못해 충동적인 언행을 할 수 있다. 이러한 감정 조절의 어려움은 대인관계에서 갈등을 자주 일으키며, 상대방에게 불편함과 두려움을 느끼게 만든다.

    또한, 공격적인 사람들은 상황을 위협적으로 해석하는 경향이 있다. 이들은 중립적이거나 심지어 긍정적인 상황도 자신을 향한 도전이나 공격으로 받아들일 수 있다. 예를 들어, 상대방이 자신을 무시했다고 느낄 때 그 의도가 악의적이지 않음에도 불구하고 이를 개인적인 공격으로 해석하고 즉각적으로 방어적 또는 공격적인 반응을 보일 수 있다. 이러한 왜곡된 해석은 공격성을 더욱 강화하고, 불필요한 갈등을 유발한다.

소위 '공격성'이라고 하면 갑자기 큰 소리로 화를 내거나 폭력적인 행위를 하는 것처럼 생각하지만, 의외로 공격성이 높은 사람들은 그런 방식으로 행동하지만은 않는다. 웬만한 사람들은 본인이 화가 나고 열을 받는다는 사실을 타인에게 들키고 싶지 않기 때문에, 속으로 화를 참으면서 나를 공격한 타인을 깎아내리고 비난한다. 다만, 공격성이 높을수록 그렇지 않은 사람과 비교해 더 쉽게 열받거나 더 강하게 타인을 비난할 뿐이다. 그래서 겉으로 보이는 것보다 내적으로 훨씬 더 공격적일 가능성이 높다.

공격성을 해킹하는 맞춤형 전략

공격성을 쉽게 보이는 사람을 해킹하기 위한 전략은 크게 2가지로 구분된다. 하나는 공격성이 발현되지 않도록 조심하는 방향의 전략이고, 또 다른 하나는 그들의 감정을 진정시키고, 상황을 객관적으로 바라볼 수 있도록 돕는 것이다.

● 의견과 감정 존중

먼저 공격성이 발현되지 않도록 조심하는 방향의 전략으로 의견과 감정을 대하는 방법이 있다. 이를 유념한다면, 대부분의 갈등은 상대가 틀렸다고 지적하거나 상대방의 감정보다는 자신의 감정을 옳다고 생각하기 때문에 발생한다는 점을 간과하지는 않았는지 돌아봐야 한다.

공격적인 사람들은 자신의 말이 무시되거나 존중받지 못한다고 느낄 때 더욱 예민하게 반응한다. 따라서 그들의 말을 잘 경청하고, 이해하고 있다는 것을 반드시 표현해 주어야 한다. 예를 들어, '방금 내 표현이 조금 거슬렸을 수도 있을 거야. 너의 생각은 충분히 옳다고 생각하지만, 지금 내 입장이 너무 곤란해서 그대로 수용하기가 어렵다고 느꼈던 것 같아'와 같은 식으로 상대방이 무시당했다고 느끼지 않도록 말해주는 것이 효과적이다. 이러한 방식의 대화는 상대방의 감정을 존중하고, 공격적인 태도를 부드럽게 만드는 데 도움이 된다.

● 유머 있고 편안한 대화 분위기 조성

실제로 긴장의 완화에 있어서 유머는 매우 효과적이다. 공격성 수준이 높은 사람일지라도 모두 편안하고 유쾌한 분위기에서 혼자 열

받아 날뛰기는 어렵다. 만약 긴장감이 예상될 정도의 대립된 의견의 조율이 필요하다거나, 다소 민감한 주제로 의사소통을 해야 할 때 유용한 전략이다. 의견을 나누는 대화 곳곳에 적절한 유머를 사용하여 상황을 가볍게 만드는 것은 예민한 사람을 무장해제시키는 데 도움이 될 수 있다.

다만 유머는 상황에 맞게 신중히 사용해야 하며, 상대방을 조롱하거나 더 화나게 만들지 않도록 주의해야 한다. 적절한 선을 유지할 수 있다면 유머는 공격적인 감정을 완화하고, 상황을 긍정적으로 바꿀 수 있는 최고의 도구라고 해도 과언이 아니다.

● 차분한 태도

공격성 수치가 높은 상대방이 갑자기 격렬히 공격성을 드러내면 반대로 차분하고 안정적인 태도를 유지하는 것이 좋다. 상대방이 공격적으로 반응할 때, 나 역시 긴장하거나 공격적으로 반응하면 갈등은 더욱 악화된다. 이때 신체적으로 안정적인 태도를 유지하고 부드러운 목소리로 대화하는 것이 중요하다. 예를 들어, 상대방이 소리를 지르더라도 자신의 목소리를 낮추고 천천히 말함으로써 상대방도 자연스럽게 흥분을 가라앉히게 할 수 있다. 이렇게 차분하고 안정적인 반응은 상대방에게 오히려 멈칫하게 만드는 단초를 제공하고, 갈등을 진정시키는 데 기여한다.

● 목적 환기 (긍정적 행동 대체 유도)

사람은 흥분한 상태에 돌입하면 본인이 지금 어떤지 객관적으로 바라보기 어려울 수 있다. 이때에는 현재 상황과 대화 목적을 환기할 필요가 있다. 먼저 본인이 공격성 수치가 높은 사람이라면, 스스로 목적을 환기하기 위해 미리 원칙을 세우는 것이 좋다. 예를 들어, '문제 해결에 도움이 되지 않는 행위는 하지 않기'와 같은 기준을 마련하는 것은 매우 효과적으로 작동한다. 본인이 스스로 흥분하는 것처럼 느껴지면 현재 상황에서 내가 어떤 행동을 해야 하는지 그 목적을 스스로 환기하는 것이다. 본인이 왜 화를 내야 하는지를 스스로 설명할 수 없다면 그것은 화를 내봤자 의미가 없다는 뜻이 된다. 물론, 이미 흥분 상태에 돌입한 사람에게는 쉬운 일은 아니다.

예민하고 민감한 타인을 상대하는 것은 더 까다롭다. 먼저 이미 동공이 확장되고, 목소리가 커지며, 스스로를 통제하기 어려워진 상대에게 "지금 화를 내는 것이 문제를 해결하는 데 도움이 됐으면 좋겠다."라고 말하는 것은 자칫하면 비꼬는 것으로 들릴 수도 있기 때문이다. 그러나 앞서 언급한 해킹 액션들을 모두 복합적으로 적용하면서 분위기를 조성하고, 대화의 목적을 환기한다면 상대가 스스로를 돌아보게 만들 수 있다.

또한, 목적을 환기하면서 동시에 긍정적인 대체 행동을 제안해야 한다. 공격적인 행동을 보이는 사람들에게 그들이 사용할 수 있는 대체 행동을 제시하는 것은 공격성을 줄이는 데 도움이 되기 때문이다. 예를 들어, "문제를 해결하기 위해서는 소리를 지르기보다는, 조금 더 차분히 이야기해 보면 어떨까?"와 같은 제안을 통해 그들이 다른 방식으로 반응할 수 있는 선택지를 제공하는 것이다. 이러한 대체 행동 제시는 공격성을 보이는 사람들에게 더 나은 선택을 하도록 유도하고, 갈등 상황을 평화롭게 해결하는 데 도움이 된다.

● 유의사항

공격성이 높은 특성을 상대할 때는 상황을 개인적으로 받아들이지 않도록 주의해야 한다. 공격적인 사람의 반응은 감정 조절의 어려움에서 비롯된다. 그러므로 반드시 상대방에게 개인적인 공격 의도가 있는 것은 아님을 인지할 필요가 있다. 따라서 그들의 공격적인 말이나 행동을 너무 개인적으로 받아들이지 않고, 상황을 객관적으로 바라보려고 하는 노력을 포기하지 말아야 한다.

또한, 반박하거나 맞서지 않는 것이 중요하다. 공격적인 사람과의 대화에서 그들의 공격성에 맞서거나 반박하려고 하면, 갈등은 더 심해진다. 대신 그들의 감정을 인정하고, 가능한 한 차분하게 대응하는 것이 필요하다. 예를 들어, "네가 화가 난 걸 이해해, 나라도 너의 입장이었다면 화가 났을 것 같아."와 같은 방식으로 일단 동의하는 것이 매우 중요하다. 다만, 감정을 인정하는 말 이후, 바로 자제를 요청하기보다는 최소 10초에서 20초 이상의 침묵을 통해 진정할 여유를 주는 것이 좋다.

마지막으로, 안전한 거리를 유지하는 것이 좋다. 상대방이 극도로 공격적인 상태에 있을 때는 물리적인 거리를 유지하는 것이 좋다. 공격성은 인간에게 가장 극단적인 형태의 감정이다. 쥐도 궁지에 몰리면 고양이를 물듯이, 인간도 공격성이 발현된 상태에서는 본인의 가족이나 가까운 친구에게도 위해를 가할 수 있는 상태이기 때문이다. 굳이 물리적으로 위협을 가하거나 상대에게 빌미를 제공하는 것은 현명하지 못하다. 물론, 상황이 심각해지면 전문가의 도움을 받거나, 적절한 조치를 취해 갈등 상황에서 벗어나는 것이 필요하다.

충동성

'충동성'은 정서민감성의 6가지 심리요소 중 하나로, 개인이 순간적인 욕구에 따라 행동하고 그 이어질 결과(consequence)에 대해 제대로 고려하지 않는 경향을 의미한다. 충동성이 높은 사람들은 자극에 즉각적으로 반응하고, 어떤 행동을 할지 미리 계획하거나 깊이 생각하지 않는 경우가 많다. 그래서 예상하지 못한 결과를 초래하거나 대인관계에서 오해를 빚는 상황이 발생할 수 있다.

충동성의 주요 특성 중 하나는 즉각적인 보상을 추구한다는 점이다. 충동적인 사람들은 당장의 보상에 집착하며, 장기적인 이득보다는 눈앞의 만족을 추구하는 경향이 강하다. 예를 들어, 절약이 필요함에도 불구하고 충동적으로 폭풍 쇼핑을 하거나, 금주와 다이어트를 결심했지만 분위기에 쉽게 휩쓸려 술을 마시는 경우가 이에 해당한다. 이러한 즉각적인 보상 추구는 장기적이고 비전적인 목표 달성을 어렵게 한다. 또한, 본인이 이러한 특성에 불만을 품고 자주 자책하는 경우, 스스로에게 반복적으로 실망함으로써 자기 자신을 믿지 못하게 되기도 한다. 이렇게 되면 스스로 무언가를 다짐하고 결심하는 빈도가 낮아지게 되어 삶의 만족도가 낮아지는 경험을 하게 된다.

또한, 충동성은 계획의 결여와 잦은 실수를 야기한다. 충동적인 사람들은 행동을 미리 계획하거나 고려하지 않는 편이라서, 일을 시작한 후 예상치 못한 문제에 부딪히는 경우가 많다. 예를 들어, 임박해서 중요한 결정을 내려야 한다거나 급하게 밀린 일들을 처리하는 상황에서 땜질하듯 즉흥적으로 일을 진행하다가 중요한 요소를 놓쳐 실수를 저지를 수 있다. 이러한 계획의 부재는 삶의 모든 프로젝트에 대해 그 효율성을 떨어뜨리고, 때때로 대인관계에서마저 신뢰를 잃게 만드는 요인이 될 수 있다.

충동성을 해킹하는 맞춤형 전략

충동성 수준이 높은 사람을 해킹하기 위해서는 일단 충동적인 행동이 쉽게 발현되지 않고, 신중하게 생각할 수 있는 환경을 만들어 주는 것이 중요하다. 또한 특정한 행동으로 이어질 결과를 떠올리게 유도하는 것도 좋다.

● 행동에 대한 결과 시뮬레이션 제공

충동성 수준이 높은 사람들은 자신의 행동이 어떤 결과를 불러일으킬지에 대해 세심하지 못한 경우가 많다. 여행 중 인구수가 100명도 안 되는 외딴섬으로 행선지를 갑자기 바꾸고 싶다는 충동이 드는 사람은, 배편이 끊겨서 다시 나오지 못할 경우의 수를 덜 고려한다. 혹은 소수만 있는 섬의 식료품이나 생필품의 공급 인프라가 예상보다 충분하지 않았을 때의 대안 역시 그리 중요한 문제라고 치부하지 않는다. 이렇게 놓치고 있는 부분에 대해 지적하고 해당 부분에 대한 대안을 역으로 물어봄으로써 본인의 충동적인 행동이 어떤 결과를 불러일으킬지에 대해 환기하는 것이 좋다.

같은 맥락에서, 본인의 충동적인 결정이 타인에게 어떤 영향을 미치는지 자주 간과하는 경우, 이를 차분하게 지적하고 그 행동이 가져온 결과에 대해 피드백을 제공하는 것이 중요하다. 예를 들어, "아까 네가 갑자기 우리 집에 온다고 했을 때, 나는 저녁 8시부터 과제를 하고, 10시부터는 헬스장에 갈 계획이었어. 다음에는 적어도 하루 전에는 미리 방문 의사를 밝혀줬으면 좋겠어."라는 식으로 피드백을 주는 것이다. 이러한 피드백은 그들이 자신의 행동을 더 잘 인식하고 조절하는 데 기여할 수 있다.

● 더 나은 대안 제시

충동성이 높은 사람에게는 더 나은 대안을 제시하는 것이 좋다. 충동적인 행동을 유발할 수 있는 상황에서 그들이 선택할 수 있는 여러 가지 대안적 행동을 미리 제시하는 것이다. 예를 들어, 갑자기 값비싼 앤티크 가구를 사고 싶다는 사람에게 "어차피 집에 손님이 자주

올 일도 없고, 그 비용의 10% 수준으로도 좋은 제품을 살 수 있으니 차라리 그런 것들을 구매하고, 남는 금액은 이번에 최신형 휴대폰으로 바꾸는 비용에 보태는 건 어때?"라고 제안하는 방식이다. 이러한 더 나은 대안을 제시하는 방식은 그들이 순간의 충동에 빠지지 않고 더 나은 선택을 할 수 있도록 돕는다.

● 체계적인 목표 설정

충동성이 아무리 높을지라도 본인이 반드시 이뤄야 할 목표가 있다면 쉽게 흔들리지 않게 된다. 그러므로 충동적인 사람에게는 작지만 체계적인 목표 설정이 필요하고, 이를 성취한 경험을 통해 자기 통제력을 강화하게 됨으로써 충동성을 통제하는 효과를 누릴 수 있다.

충동적인 사람들은 장기적인 목표보다는 단기적인 만족을 추구하기 때문에, 작고 현실적인 목표를 설정하고 이를 달성하는 경험을 쌓는 것이 효과적이다. 예를 들어, '이번 주에는 단 하루만 4km 조깅을 해보자'와 같이 작고 구체적인 목표를 설정하고, 그 목표를 달성했을 때 스스로를 칭찬하거나 작지만 소소한 보상을 주는 방법도 있다. 이러한 작은 성취 경험은 스스로를 통제했다는 효능감을 주고, 이는 곧 본인의 계획에 대한 신뢰로 이어지며, 궁극적으로는 자기 통제력을 강화하고, 충동적인 행동을 줄이는 데 긍정적인 영향을 미친다.

CHAPTER 2

협조성/준거성

협조성과 준거성

『인간해킹』의 두 번째 챕터 협조성/준거성은 인간이라는 동물이 사회적 존재로 살아가기 위해 가장 중요한 요소이다. 협조성과 준거성은 심리적 대극 특성을 가지는 것으로 정의하였으나 실제로 그렇지 않은 아주 일부의 예외가 있다. 이 심리요소들은 인간관계를 형성하거나 혹은 함께 일을 진행하는 과정에서 절대적으로 큰 영향을 미친다.

이 책에서 언급되는 '협조성'은 BIG5 이론에서의 높은 우호성과 약 75~78%의 양의 상관관계를, MBTI의 F(Feeling) 성향과도 약 43~69%(표준편차 집계 시 표본조건 미달로 인한 큰 편차 발생)의 양의 상관관계를 보이는 특징이 있다. 그래서 기본적으로는 대인관계에서의 감정적 공감과 이해관계에 대한 우호적인 반응 본능을 보여주는 지표로 이해하면 쉽다. 이러한 과정에서 협조성이 높다면 주어진 상황에 자연스럽게 '순응'하는 경향을 보인다.

반면 준거성은 BIG5에서의 낮은 우호성 그리고 MBTI의 T(Thinking) 성향과 일부 양의 상관관계를 갖는다. 기본적으로 논리와 원칙에 따라 행동하며, 상황에 대한 객관적 평가와 독립적인 판단을 선호한다. 그래서 협조성이 낮고 준거성이 높은 사람은 특정 상황에서 구체적인 판단을 함에 있어, 준거가 될만한 요소에 부합하지 않는다면 쉽게 순응하지 않고 '도전'하는 경향을 보인다.

순응과 도전

『인간해킹』에서의 협조성/준거성에서, 각 성향의 하위 요소 중 가장 먼저 소개할 것으로 순응과 도전이 있다. 이는 단순히 순응을 잘한다거나 항상 도전적인 면만 강조하기보다, 이미 구성된 상황과 분위기에 얼마나 순응적인지 혹은 필요에 따라 얼마나 도전적으로 행동할 가능성이 높은지를 의미한다. 그래서 협조성이 높은 사람은 주어진 상황에 불만이 있더라도 일단 겉으로 '순응'하려는 본능이 더 강하게 나타난다. 반면, 준거성이 높은 사람은 본인의 기준에 맞지 않는 상황에 직면했을 때, '도전'하려는 본능이 나타나는 빈도가 높다고 볼 수 있다.

높은 협조성: 순응

순응하는 태도는 협조성의 중요한 특징으로, 타인의 의견과 요구에 협력적이고 조화로운 관계를 유지하려는 경향을 의미한다. 협조성이 높다면 타인의 감정을 잘 이해하며, 갈등을 피하고자 자신의 입장을 조정하는 것을 선호한다. 그러나 여기에서 타인의 감정을 잘 이해한다는 표현은, 그만큼 '정확'하게 타인의 감정을 분석해 내는 것을 의미하지는 않는다. 높은 협조성은 타인의 감정이 구체적으로 어떤 인과관계를 거쳐 현재의 상태가 되었는지를 면밀하게 따지기보다, 현재 상대방의 감정이 '무엇을 원하는지'에 초점을 맞추고 있다.

그래서 협조성이 높은 사람들은 대개 상대방의 '필요'에 민감하다. 왜냐하면, 언제까지나 협조의 목적은 본인의 생존확률을 올리고, 생존을 위협하는 불안을 제거하기 위한 즉각적인 대처를 하는 것이기 때문이다. 상대가 요구하는 것이 있다면 그 요구가 정당하거나 합당한지 그 여부를 일일이 따지기보다는 일단 협조해 줌으로써 즉시 갈등을 피하는 효과를 볼 수 있게 된다.

같은 맥락에서 높은 협조성은 타인의 행복을 위해 자신의 욕구를 양보하거나 타협하는 것을 자연스럽게 여긴다. 그들은 인간관계에서의 화합을 중시하고, 쓸데없는 분란을 만드는 행위나 존재를 적으로 간주한다. 이러한 행위는 집단생활로 번영을 이룬 인간에게 매우 중요한 생존 전략으로, 고도화된 성문법이나 체계 없이도 공동체에 질서와 안정을 주는 효과가 있다. 여러 사람이 한데 어우러지면 서로다른 성격과 입장 때문에 반드시 갈등이 발생하는데, 이럴 때 높은 협조성을 바탕으로 한 순응적인 태도는 서로 양보하고 배려함으로써 조직 전체를 큰 문제 없이 유지시킨다.

모든 인간은 이기적이지만, 순응하는 성향이 강할수록 타인 중심의 사고를 엿볼 수 있다. 이들은 자신보다 타인의 기분을 우선시하며, 자신이 속한 그룹의 조화를 깨뜨리지 않기 위해 많은 노력을 기울인다. 이러한 성향은 대인관계에서 좋은 평가를 받을 수 있지만, 자신의 감정이나 욕구가 억눌리거나 희생되는 경우가 많아 스스로 스트레스를 느낄 수 있다. 그래서 협조성이 높은 사람들로 구성된 집단에서는 겉으로 보이는 우호적인 분위기 이면의 뒷담화라든지 보이지 않는 따돌림이 생기는 부작용이 보인다. 왜냐하면, 어떤 행동에 대한 평가가 객관적이고 절대적인 기준이 아닌, 감성적으로 알 법한 무형의 사회적 규범이나 분위기에 의해 판단되기 때문이다. 이 경우 옳고 그름이나 좋고 나쁨이 미묘하게 각자의 해석에 의해 판단되며, 이 과정에서 발생하는 비공식적인 대화나 교류로 인해 조금이라도 더 영향력이 강한 다수의 의견이 주류로 채택되는 등의 문제가 생길 수 있다. 이는 서로 강한 결속력을 만들어 주지만 때때로 부당하고 불합리한 가치판단이 집단을 지배하게 되는 문제를 야기하곤 한다.

낮은 협조성: 도전

도전하는 태도는 준거성의 중요한 특징으로, 타인의 의견과 관계없이 특정한 신념과 논리에 따라 행동하려는 경향을 말한다. 이들은 높은 협조성을 가진 사람처럼 갈등을 두려워하거나 적극적으로 회피하려 하지 않는다. 억지로 분란을 조장할 필요는 없지만, 만약 필요하다면 자신이 옳다고 생각하는 것을 적극적으로 주장하고 변화를 주도한다. 도전하는 사람들은 대개 독립적이고 자기주장이 강하며, 상황을 논리적으로 평가하고 그에 따라 행동하는 것을 선호한다.

도전하는 성향의 특성 중 하나는 논리적 사고와 객관적 평가이다. 이들은 감정보다는 구체적인 정보와 기준에 기반해 결정을 내리며, 행동과 책임의 구조를 중시한다. 예를 들어, 팀 프로젝트에서 특정 인과의 이해관계나 개인 사정보다는 각자의 역할과 기여도를 정확한 기준으로 평가하며, 이에 따라 분명한 피드백을 제공한다. 이러한 준거적 접근은 목표 달성에 효과적일 수 있지만, 몇몇 사람에게는 서운함과 같은 부정적인 결과를 야기할 수 있다는 단점도 있다.

그래서 협조성이 낮은 사람(=준거성이 높은)들은 대개 절대적인 기준에 민감하다. 왜냐하면, 만약 내 주관대로 판단했다가 문제가 발생하면 내 탓이 되기 때문이다. 그래서 누가 결정했어도 같은 결정을 내릴 수밖에 없을 만큼 객관적이고 절대적인 기준을 선호하며, 이들은 이러한 준거의 권위에 기대 본인의 주장을 확고하게 전개한다. 아무리 친한 사람의 감정이 다칠 수도 있는 상황에 직면하더라도, 가급적 사사로운 감정과 예외 사항들을 무시하고 미리 합의한 기준에 따라 판단하는 것이다. 혹은 집단의 번영에 방해가 되는 잘못된 관습이나 문제에 대해, 원칙을 위배했다는 근거를 가지고 개선과 변화를 요구하며 헤게모니에 도전하는 것 등이 있다.

　그래서 협조성이 낮으면 때때로 권위에 도전하기도 하고 혹은 거부하며 떠나기도 한다. 이들은 현재의 불합리한 분위기 속에서 인내하다가도 결국에는 한마디를 던지는 사람들이며, 필요하다면 기존의 규칙이나 관습에 대해 틀린 것은 틀렸다고 말하기도 한다. 문제가 발생하면 이를 고쳐야 한다고 믿으며, 그 과정에서 사람들이 느낄 수도 있는 슬픔과 분노를 알고는 있지만 애써 이를 외면한다. 그렇지 않으면 더 나은 결과로 나아갈 수 없다는 믿음 때문이다.

정서 합리성과
준거 합리성

『인간해킹』에서의 협조성/준거성에서, 각 성향의 하위 요소 중 합리성을 판단하는 기준으로써 정서 합리성과 준거 합리성이 있다. 특정 행동에 대해 판단할 때, 협조성이 높은 사람의 합리성은 '정서적'으로 얼마나 합리적인지를 기준으로 판단하는 경향이 강하다. 반대로 협조성이 낮은 사람이라면, '준거적'으로 얼마나 합리적인지를 기준으로 판단할 확률이 높다.

높은 협조성: 정서 합리성

정서 합리성은 높은 협조성의 중요한 특징 중 하나다. 특히 타인과의 상호작용에 있어서 정서적인 이해와 입장 존중을 중요하게 여긴다. 정서 합리성을 추구하는 사람들은 타인의 감정적 반응에 민감하게 반응하기 때문에, 의사결정 과정에서 정서를 중요한 요소로 고려한다. 이들은 사람 사이의 정서적 연결을 중요시하고, 정서적인 시그널을 감지하여 관계를 유지하거나 강화하려는 경향이 있다.

협조성이 높으면 감정적 공감을 중요하게 느낀다. 예를 들어, 누군가가 슬퍼하거나 스트레스를 받을 때 그들의 기분을 이해하고 그에 맞추어 말과 행동을 조정하려 한다. 이러한 특성은 대인관계에서 매우 중요한 장점이 될 수 있지만, 감정이나 정서적 반응에만 지나치게 의존한다면 객관적인 판단을 내리기 어려워질 수도 있다.

또한, 정서 합리성은 관계 중심의 사고를 중시한다. 정서 합리적인 사람들은 결정을 내릴 때 타인과의 관계를 고려하며, 개인적인 만족보다는 집단의 조화와 화합을 더 중요하게 생각한다. 따라서 그들은 갈등을 최소화하고, 협력적인 환경을 조성하려는 경향이 강하다. 하지만 이러한 경향은 때로는 자기주장을 충분히 하지 못하거나, 타인의 요구에 지나치게 맞추는 상황을 초래할 수 있다.

협조성이 높은 사람들이 특히 집단에서 스트레스를 받았던 일화나 에피소드를 가까운 지인이나 애인에게 토로하는 경우가 많은데, 본인 기준에서는 정서적으로 '불합리한' 대우를 받았다고 여기기 때문이다. 만약 그게 기분은 상했을지라도 '합리적'이라는 믿음이 있다면 그리 큰 스트레스를 받지는 않았겠지만, 그들은 그렇지 않기 때문이다. 불만과 문제가 있으면 적절한 때에 이의를 제기하며 그 근거가 되는 기준을 표현하면 될 일이지만, 정서 합리성이 더 중요한 사람에게 이런 행동은 결코 쉬운 일이 아니다.

물론, 정서 합리성이 높은 사람이라고 해서 항상 쉽게 상처를 받는 것은 아니다. 챕터1에서 다뤘던 정서민감성 수치가 낮아 정서적으로 안정적인 사람이라면 협조성과 정서 합리성 수치가 높더라도 금방 훌훌 털어버리고 오뚜기처럼 쉽게 일어난다. 그래서 정서적으로 안정된 사람이 협조성까지 높다면, 상처를 덜 받으면서도 타인에게는 상처를 주지 않는 사람이 된다. 이런 성향을 갖는 사람들은 대개 주변 사람들에게 좋은 평가를 받으며, 특히 손윗사람이나 어른들에게 참 성격이 좋다는 칭찬을 받기에 적합한 심리 성향이라고 추측해 볼 수 있다.

낮은 협조성: 준거 합리성

준거 합리성은 낮은 협조성의 대표적인 특징이다. 의사결정을 내릴 때, 주로 객관적인 정보와 구체적인 논리를 바탕으로 의사결정을 내리길 선호하는 성향을 의미한다. 준거 합리성이 높은 사람들은 상황을 사실과 데이터로 평가하는 경향이 강하고, 누가 판단을 내렸어도 같은 결과가 도출될 수 있는 판단 과정을 선호한다. 사사로운 사람들의 이해관계와 정서보다는 논리적 근거와 객관적인 평가를 중요하게 생각한다고 알려져 있으나, 상황에 따라 사람의 감정과 정서까지도 객관화하여 논거의 기준으로 활용한다. 다시 말해, 사람의 정서적 측면이 항상 객관적이지 못하기 때문에 판단의 근거로써 덜 활용할 뿐이지, 그렇지 않은 상황에서는 인간의 정서적 측면을 가치판단의 중요한 요소로 활용하는 데 거리낌이 없다고 볼 수 있다.

그러나 정서마저도 하나의 절대적인 판단 요소로 여기는 만큼, 준거 합리성을 추구하는 사람들은 결국에는 객관적인 분석을 통해 결정을 내렸을 때 편안함을 느낀다. 팀 프로젝트에서 개인의 감정적인 요소보다는 각자의 역할과 성과를 논리적으로 분석하고 평가하는 것을 예로 들 수 있다. 이러한 성향은 목표 지향적인 환경에서 매우 효과적일 수 있지만, 때로는 타인의 감정을 상하게 하거나 인간관계에서 어려움을 초래할 수 있다.

또한, 준거 합리성은 불변하는 하나의 기준을 중심으로 한 사고를 중시한다. 챕터 초반에 언급했던 것처럼, 협조성이 낮을수록 자신의 행동이 정당성을 가지기 위해서는 객관적인 원칙과 기준에 부합해야 한다고 생각하기 때문이다. 본질적으로 파고들면, 협조성이 낮다는 것은 자신의 고유한 판단에 더 의존한다는 것을 의미하며, 이들은 타인의 기대보다는 자신이 옳다고 믿는 기준에 따라 행동할 확률이 높다고 볼 수 있다. 이러한 준거적 합리성 추구는 때로는 타인과의 갈등을 조정하는 데 종종 어려움을 주지만, 반면에 명확한 기준을 제시함으로써 신뢰를 얻을 수도 있다는 장점이 있다.

타협과 확고 불변

『인간해킹』에서의 협조성/준거성에서, 각 성향의 하위 요소로써 타협과 확고 불변이 있다. 특정 행동에 대해 판단할 때, 협조성이 높은 사람은 최종 결정을 위해 타협하려는 경향이 강하다. 반대로 협조성이 낮은 사람이라면, 최종 결정을 위해 특정 기준에 확고 불변적으로 임한다.

높은 협조성: 타협

타협은 높은 협조성을 가진 사람의 판단 과정에서 일어나는 현상 중 하나로, 갈등 상황에서 상대방과의 관계를 유지하고 조화를 이루기 위해 자신의 입장과 요구를 조정하려는 경향을 의미한다. 타협하는 성향을 가진 사람들은 자신의 이익뿐만 아니라 상대방의 이익도 중요하게 생각하며, 중간 지점을 찾아 서로 괜찮은(fine) 상황을 만들고자 한다. 이들은 어느 한쪽으로 치우쳐진 이득으로 인한 갈등을 최소화하고, 상호 간의 이해와 협력을 통해 최선의 해결책을 도출하려는 성향이 강하다.

타협적인 사람들은 상황에 따라 자신의 입장을 바꿀 수 있고, 상대방의 요구를 수용하는 데 익숙하다. 예를 들면, 팀 프로젝트에서 의견이 서로 엇갈릴 때, 각자 의견을 조금씩 양보하여 서로의 아이디어를 적용하는 등의 협력적인 태도를 보이는 것처럼 말이다. 이처럼 수용적인 모습은 갈등을 해결하고, 협력적인 대인관계를 유지하는 데 큰 도움이 된다.

또한, 타협적인 성향은 상대방의 감정과 필요에 대해 높은 민감성향을 가지고 있다. 이들은 상대방이 어떤 감정을 느끼고 있는지, 무엇을 필요로 하는지를 알아내기 위해 모든 감각을 집중하며, 이를 고려한 의사결정을 내리려는 경향이 강하다. 따라서 타협적인 사람들은 중재자로서의 경험을 하게 될 가능성이 높다. 그러나 지나치게 타협적일 경우, 복잡한 이해관계 속에서 갈팡질팡하다가 오히려 모두에게도 만족을 주지 못하고 스트레스를 받거나, 때때로 갈등을 부추긴 것처럼 오해를 사는 등의 불만족스러운 결과를 초래할 수 있다.

낮은 협조성: 확고 불변

확고 불변적 성향은 준거성의 핵심적인 특징이다. 자신의 신념과 원칙을 지키며, 외부의 압력이나 의견에 쉽게 흔들리지 않는 경향을 의미한다. 확고 불변적인 사람들은 자신의 가치관과 기준에 따라 결정을 내리며, 그 과정에서 타협보다는 원칙을 지키는 것을 중시한다. 이들은 자신이 옳다고 믿는 것에 대해 강한 확신을 가지고 있으며, 이를 유지하기 위해 고집을 부리는 경우가 많다.

사람은 생존을 위해 본능적으로 다수의 의견과 행동을 따라 하려는 성질을 갖고 있지만, 만약 그렇게 하지 않으려면 반드시 확고한 기준과 그 기준이 옳다는 높은 자기 신념과 독립성이 있어야 한다. 확고 불변적인 사람들은 자신의 판단과 신념에 강한 확신을 가지고 있으며, 다수의 의견이나 사회적 압력에 아무 저항 없이 쉽게 굴복하지 않는다. 예를 들어, 회사에서 다수의 동료가 특정 방식으로 일을 처리하려고 해도, 자신이 더 효율적이라고 믿는 방식이 있다면 그 방식을 고수함과 동시에 타인의 방식에 비평적으로 접근하는 식이다.

또한, 확고 불변적인 성향은 판단을 내릴 때 명확한 기준에 근거한 결정을 추구한다. 또한 의사결정 과정에서 분명한 기준을 고려하길 원하기 때문에 주어진 조건이 같다면 일관된 결론이 나와야 한다고 믿는다. 예를 들어, 프로젝트의 목표를 설정하는 과정에서 사전에 합의했거나 혹은 어떠한 합리적 기준에 부합하지 않을 경우 타인의 의견을 쉽게 받아들이지 않으려 한다. 이러한 명확한 기준은 일을 추진하는 데 있어 안정성과 일관성을 제공하지만, 때로는 타인과 협력하는 것에 어려움을 겪을 수 있다.

이해관계와 원칙

『인간해킹』에서의 협조성/준거성에서, 각 성향의 하위 요소로써 이해관계와 원칙이 있다. 집단을 포함한 인간관계에서의 갈등 상황에 직면했을 때, 협조성이 높은 사람은 이해관계를 최우선으로 고려하는 경향이 강하다. 반대로 협조성이 낮은 사람이라면, 가장 원칙이 되는 기준을 정하고, 이 기준에 부합하는 결정을 내리려고 한다. 이때, 상황이 복잡할수록 더욱 원칙에 집착하는 경향을 보인다.

높은 협조성: 이해관계

이해관계를 우선적으로 고려하는 경향은 협조성이 높은 사람에게서 그리 어렵지 않게 발견할 수 있다. 이는 갈등 상황에서 얻을 수 있는 이익이나 손실을 기준으로 행동하는 경향을 의미한다. 이해관계를 중시하는 사람들은 상황을 판단할 때, 이해관계에 놓여 있는 사람의 이득과 그렇지 않은 사람의 이득을 저울질한다. 그리고 최종적으로 나의 이득에 도움이 되는 방향을 본능적으로 고려한다. 이들은 이 과정에서 협상과 타협을 통해 갈등을 해결하고, 서로에게 유리한 결과를 도출하는 것을 선호하는데, 특히 나와 이해관계에 놓인 사람의 입장을 고려하고 감정을 케어하고자 하는 본능이 나타난다.

이해관계의 특성 중 하나는 호혜적 접근이다. 이해관계를 중요시하는 사람들은 특정 상황에서 상호 간의 이익을 보호하기 위해 전략적으로 행동한다. 예를 들어, 직장에서 프로젝트를 진행할 때 일이 잘되는 것도 중요하지만, 그 과정에서 팀원 간의 기분이나 분위기가 깨지지 않는 것을 중요한 가치로 여긴다. 그래서 비록 최종적인 결과물에서 약간의 손해가 있더라도, 결국 모두의 인간관계와 정서적인 측면에서의 손실이 없기를 바란다. 그래서 이들은 매우 정서적이고 감정적이면서도 동시에 실용적이고 현실적인 대안을 선택하는 경향을 보인다.

이해관계 추구는 상황에 따른 유연한 대처를 포함한다. 이들은 불변의 원칙보다는 상황에 따라 적당한 결정을 내리는 것을 중요하게 생각하며, 필요하다면 자신의 입장을 조정하는 것을 두려워하지 않는다. 이러한 성향은 갈등 상황에서 효과적으로 협상하고, 상대방과의 관계를 유지하면서도 자신에게 유리한 결과를 도출하는 데 큰 도움이 된다. 그러나 이러한 유연성은 때로는 자신의 신념이나 원칙을 쉽게 포기하게 만드는데, 특히 스스로 통제할 수 없는 변수가 많은 상황에 직면했을 때 이리저리 휘둘릴 가능성에 노출되곤 한다.

다만, 이 책 뒤에 언급할 '적응지향성'과 '결정지향성'이라는 심리요소 중에서 '결정지향성'이 높은 경우에는, 겉으로는 유연하게 행동하더라도 속으로는 오히려 본인의 정서적 신념을 따르는 경향이 있다. 이는 모든 심리요소는 독립적으로 작용하지 않으며, 다양한 요소들이 복합적으로 교차 적용된다는 점을 고려해야 정확한 인간해킹이 가능하다는 시사점을 남긴다.

낮은 협조성: 원칙

원칙은 준거성의 가장 본질적인 요소이며, 특정한 기준과 규범을 바탕으로 행동하려는 경향을 의미한다. 원칙을 선호하는 사람들은 자신의 행동이 합당하다고 느낄 수 있도록, 미리 정해둔 기준이나 가치를 철저히 따르려 하며, 자신의 원칙을 고수하며 이에 따라 행동함으로써 안정성과 신뢰성을 확보하고자 한다. 그러나 세상만사가 항상 동일한 기준만으로 움직이지는 않듯이, 원칙을 고수하다 보면 반드시 손해를 보거나 갈등이 발생하는 일이 생긴다. 이때, 협조성이 적당히 낮은 사람이라면 종종 타협을 하며 융통성을 발휘하겠지만, 협조성이 매우 높은 사람이라면 오히려 더 강력하고 절대적인 기준에 가치판단을 의탁하는 극단적인 경우도 발생한다.

원칙적인 성향의 주요 특성은 높은 일관성과 안정성이다. 원칙을 중시하는 사람들은 상황에 상관없이 자신만의 기준을 지키며, 그로 인해 일관된 행동을 보인다. 예를 들어, 원칙 선호 성향이 매우 강한 사람이 있다면, 이 사람은 본인이 불리하게 될 상황에서도 자신의 신념을 꺾지 않고 공정성을 유지하려고 한다. 이러한 높은 일관성은 주변 사람들에게 신뢰를 주며, 장기적으로는 안정적인 관계를 형성하는 데 도움을 줄 수 있다.

또한, 원칙적인 성향은 명확한 가치관과 기준 중심의 사고를 가지고 있다. 이들은 특정 상황에서 자신의 결정이 정당성을 갖기 위해서는 그 행동이 자신이 세운 원칙과 일치해야 한다고 믿는다. 예를 들어, 프로젝트의 진행 방식이 자신이 세운 기준에 맞지 않으면 타인의 의견에 쉽게 동의하지 않고, 자신의 기준을 제시하고 이를 따르도록 설득하려 한다. 이러한 명확한 가치관은 일의 추진에 있어서 안정성과 방향성을 제공하지만, 타인과의 협력에 있어서 갈등을 유발할 수 있다. 더 나아가 기존에 심사숙고하여 내린 결정을 쉽게 바꾸지 않으려는 고집 있는 모습을 볼 수도 있으며, 이를 설득하기 위해서는 준거로 삼았던 요소에 대한 재평가가 필요하다.

다만, 이 책 뒤에 언급할 '적응지향성'과 '결정지향성'이라는 심리요소 중에서 결정지향성이 낮은 경우, 생각보다 손쉽게 설득당하는 모습을 어렵지 않게 발견할 수 있다. 왜냐하면 심리요소들은 독립적으로 작용하지 않고 다양한 요소들이 복합적으로 작용되기 때문이다.

협조성과 준거성을 해킹하는 맞춤형 전략

순응 맞춤형 전략

협조성 수치가 높은 사람들 중 순응 성향이 높은 사람에게 가장 중요한 것은 존중받고 있다는 기분을 느끼게 해주는 것이다. 존중 (respect)의 어원은 re(다시)와 spect(보다)로 구성되어 있는데, 이 어원의 시작을 들여다보면, 결국 '상대방에게 특별한 주의를 가지고 들여다본다' 혹은, '주목하거나 관찰할 가치가 있는'과 같은 의미에서 출발했다. 그래서 진심으로 상대의 감정과 입장을 주의 깊고 사려 깊게 들여다보려는 기본적인 태도가 중요하다. 같은 표정으로 같은 말을 하더라도 태도가 다르면 상대는 미묘하게 그 차이를 인식할 수 있기 때문이다.

그래서 '존중'이라는 것은 단순하게 '물론 너의 의견을 존중해. 그러나~'와 같이 단순히 기계적으로 존중한다는 표현만으로 이뤄지는 것은 아니다. 특히 협조성이 높은 사람들은 상대방이 과연 나에게 '협조적'인지 그 여부를 파악하는 것에 본능적으로 예민하다. 그래서 반박하기 위한 접두어 수준으로 '너를 존중하지만'이라고 말하는 것은 그리 효과적이지 못하다. 이것은 마치 "이제부터 너의 의견을 전부 부정할 건데, 기분이 상한다면 그건 내 잘못은 아니야."라고 말하는 것과 같기 때문이다.

그래서 기본적으로는 '존중하는 태도' 모드에 진입한다는 자각을 가지고 경청하며 이들의 감정과 필요를 충분히 존중하는 것으로 시작해야 한다. 또한, 순응적인 사람들은 갈등을 피하고 관계의 조화를 중시하는 경향이 있으므로, 안정감을 줄 수 있는 환경을 제공해야 한다. 여기에서 '안정감'이란 긍정적인 피드백과 지지를 해주는 것을 의미한다. 예를 들어, "그건 네 탓이 아니야. 너의 감정은 정당해. 난 네 감정을 지지해."와 같은 표현은 그들에게 자신감과 안정감을 줄 수 있다.

더불어 순응적인 사람들에게 자율적으로 결정할 수 있도록 유도하는 것도 효과적이다. 이들은 종종 자신의 결정을 타인에게 의존하는 경향이 있다. 따라서 그들이 스스로 결정을 내리고 그 결과를 경험할 수 있는 기회를 주는 것이 필요하다. 예를 들어, "이번 프로젝트에서 네가 결정해 주면 좋겠어"와 같은 말은 그들에게 자율성과 자신감을 키울 수 있는 기회를 제공한다. 이러한 과정을 여러 번 반복하다 보면, 어느새 스스로 존중받고 있다는 기분을 느끼게 할 수 있다.

도전 맞춤형 전략

준거성 수치가 높은 사람들 중에서 유달리 도전적인 성향이 높은 경우 타인의 기준보다는 자신만의 구체적인 신념과 논리에 따라 행동하려는 성향이 강하게 나타난다. 그래서 그들의 준거가 되는 부분에 대한 충분한 설득이 없다면, 결코 타인의 의견에 손쉽게 굴복하지 않는다. 그래서 이들과의 상호작용에서는 논리적 근거를 통한 설득이 중요하다. 이들은 감정에 호소하고 떼를 쓰는 것보다는 정보와 논리에 설득되기 때문에, "이 결정은 ChatGPT의 답변과 지도 교수님의 일관되고 공통적인 피드백에 기반한 거야. 또한 너의 논리에 비추어 보았을 때도 하자가 없어. 이것은 내 의견이 아니라 있는 그대로의 사실을 전달한 거야. 물론 판단은 네가 하는 거지만."과 같은 접근이 차라리 더 낫다.

또한, 도전적인 사람들에게는 독립적인 작업 환경을 제공하는 것이 필요하다. 그들은 자신의 방식대로 일을 추진하고 싶어 하기 때문에, 자율성을 부여하고 그들의 역량을 최대한 발휘할 수 있는 환경을 만들어 주는 것이 중요하다. 예를 들어, "이 프로젝트의 방향은 네가 결정해도 좋아. 다만 결정한 근거만 잘 설명해 주면 돼."와 같은 말은 그들에게 스스로 확신을 가지고 움직일 수 있는 동기를 줄 수 있다.

정서 합리성 맞춤형 전략

정서 합리성을 추구하는 사람들은 타인의 정서에 민감하고, 갈등을 피하며 조화를 추구한다. 여기서 정서라고 하는 것은 단순한 감정의 대명사가 아닌, 전반적인 분위기나 태도를 포함한 느낌을 의미한다. 유명한 프랜차이즈 매장에 들어가면 직원들이 아무리 겉으로 친절할지라도, 왠지 모르게 진심이 아닐 것처럼 느껴지는 것처럼 말이다. 이처럼 정서라는 것은 굉장히 포괄적이고 관념적이면서도 동시에 실증적인 특징을 가지고 있는 어려운 요소이다.

사람마다 선호하는 고유의 정서는 조금씩 다르지만, 정서 합리성을 해킹함에 있어 과연 우리의 정서가 '조화롭고 협조적'인지 그 여부에 따라 제대로 공략하고 있는지 여부를 판단해도 좋다. 그러므로 정서 합리성이 높은 사람을 해킹할 때는 먼저 상대방의 무드, 입장, 가치관 등을 살펴보면서 스스로 협조적으로 임해야겠다는 자각을 갖추기 위해 노력하는 것이 좋다.

특히, 집단에서 분위기를 파악하고 이 분위기에 맞춰 기민하게 행동하려는 행동 역시 정서적인 조화를 목적으로 하는 가장 합리적인 행동이다. 단순히 상대방에게 '너의 감정에 동의해'와 같은 단순한 지지가 아니라, 전반적인 공기의 온도와 흐름을 파악하고 그에 크게 벗어나지 않는 말과 행동으로 맞춰나가는 것이 바로 정서적 합리성을 해킹하기 위한 최적화된 전략이다.

준거 합리성 맞춤형 전략

준거 합리성을 추구하는 사람들은 논리와 객관성을 중시하며, 모호한 느낌이나 분위기보다는 구체적인 팩트에 기반해 행동한다. 이들은 뭔가 대충, 그럴듯한 느낌과 같이 모호한 개념을 선호하지 않는다. 더 정확하게 말하자면, 이렇게 모호한 것을 구체적인 판단의 '기준'으로 삼는 것을 선호하지 않는다. 그래서 '준거'가 되기에 가장 좋은 구체적이고 명확한 개념을 선호하며, 이 개념을 기준으로 하여 합리적인지 혹은 그렇지 아니한지를 판단하는 경향이 강하다.

그렇기 때문에 기본적으로 이들과의 의사소통에 있어서는 명확하고 구체적일수록 좋다. 비록 단순하더라도 차라리 확실한 것이 더 효과적이다. 예를 들면, "버스를 타는 것이 비용과 시간 면에서 훨씬 낫지만, 나는 지금 기분이 나쁘고 우울해서 시원한 바람을 쐬기 위해 킥보드를 탈게."와 같이 비록 원인은 우울한 기분일 뿐이지만 너무나도 명확하기 때문에 준거적인 설득 방법에 속한다.

또한, 준거 합리성을 추구하는 사람들에게는 명확한 목표와 기준을 제시하는 것이 필요하다. 이들은 자신의 행동이 정당성을 갖기 위해서는 명확한 기준에 부합해야 한다고 생각하기 때문에, 목표를 명확히 하고 그 기준을 제공하는 것이 중요하다. 예를 들어, "이 기준에 따르면 우리가 기한 내에 목표를 달성할 수 있어."와 같은 표현과 접근 방식이 훨씬 더 효과적인 해킹 전술이다.

타협 맞춤형 전략

타협적인 성향의 사람들은 양보와 배려를 중시하며, 갈등을 피하기 위해 스스로의 입장을 조정하는 경향이 있다. 그래서 이들과의 의사소통 시 상호이익을 강조하는 접근이 효과적이다. 예를 들어, "우리 둘 다 이득을 볼 수 있는 방법을 찾아보자" 혹은, "나 때문에 네가 피해 보는 건 싫어. 너도 나 때문에 이득을 봤으면 좋겠어."와 같은 표현은 타협적인 성향을 가진 사람들에게 매우 긍정적으로 작용한다.

또한, 타협적인 사람들과의 협상에서는 명확한 기대와 목표를 제시하는 것이 중요하다. 이들은 상대방의 요구를 수용하려는 경향이 있기 때문에, 구체적인 기대와 목표를 명확히 전달하면 더 효과적인 협력이 가능하다. 예를 들어, 부부간에 소득 관련해서 고민이 있는 경우, "비록 지금은 수입이 약 300만 원 정도지만, 꾸준히 자격증 공부해서 5년 뒤에는 부업을 통해 최소 200만 원은 더 늘릴 수 있어."와 같은 접근은 그들을 더 협조적으로 나오게 만들 수 있는 효과적인 해킹 전술이다.

확고 불변 맞춤형 전략

확고 불변의 성향이 강한 사람들은 본인만의 기준과 원칙을 고수하며, 어설픈 설득에는 쉽게 넘어가지 않는 경향이 있다. 그래서 기본적으로 그들의 원칙을 존중하는 태도를 가지고 시작하는 것이 중요하다. 스스로 확고한 상태에 머무르기 위해서는 자신의 신념이 인정받는 것이 중요한 동기 부여 요소이기 때문이다.

그러나 비록 확고 불변의 성향이 강하더라도, 간혹 스스로 어떤 원칙이 중요한지 구체적으로 설명하지 못하는 경우도 있다. 더 나아가 비록 말할 수 있음에도 불구하고 스스로 그 기준을 원칙으로 삼은 근거가 부실한 경우도 꽤나 자주 발생하는 일이다. 그러므로 확고 불변적인 사람들을 해킹하기 위해서는 먼저 원칙에 동의하면서 대화를 이어나가는 것이 좋다. 그러면 높은 동질감을 갖기 때문에 상대는 나에게 긍정적인 인상을 가질 수 있게 된다. 만약에 이러한 사람들을 설득하고 싶다면, 그 원칙을 구체적이고 논리적으로 반박하거나 빈틈을 공략해야만 한다. 다만 이 과정에서 너무 공격적으로 접근하는 것은 지양해야 한다.

물론, 상대가 대화가 통하지 않는 사람일 것 같으면 적당히 넘어가고 포기하는 것도 좋다. 그러나 만약 끝까지 설득하고 싶다면, 먼저 상대의 원칙을 적당히 인정하면서 동시에 추가적인 대안이나 옵션을 제안하는 것처럼 대화를 시도하는 게 효과적이다. 이 경우 당장은 상대가 거절할 수도 있지만, 나중에라도 긍정적인 피드백이 올 가능성을 기대해 볼 수도 있다.

이해관계 맞춤형 전략

갈등 상황에서 이해관계를 중요하게 여기는 사람들은 협력적이고 동시에 실용적인 경향이 있다. 이들과의 소통에서는 서로 적이 아닌 동지라는 것을 명확하게 하되, 동시에 서로가 이익을 볼 수 있는 방법을 제안하는 것이 중요하다. 협조성 수준이 높고 관계 중심적이기 때문에 모든 문제에 있어서 똑같이 일관된 방식으로만 반응하지는 않기 때문이다.

때로는 감정에 호소하기도 하고, 때로는 서로가 이득을 볼 수 있는 방법을 제안하기도 하며, 더 나아가 그동안의 인연과 의미를 강조함으로써 상대방과 나와의 이해관계를 중시하는 그들의 성향에 맞춰 해킹 전술을 실행해야 한다. 또한, 이해관계를 먼저 고려하려는 사람들은 상황에 따라 입장을 조정할 수 있는 경향이 있기 때문에, 그들이 최선의 결정을 내릴 수 있도록 다양한 선택지를 제공하는 것이 중요하다. 예를 들어, "이 2가지 선택 중에서 이 방법이 너에게 더 이익이 되면서 나에게도 절실해."와 같은 접근은 그들의 성향에 잘 맞는 제안 방법이다.

원칙 맞춤형 전략

원칙을 중시하는 사람들은 자신의 행동이 정당성을 갖기 위해 미리 확립한 기준과 일치하는지 그 여부에 따라 최종 결정을 내리는 경향이 있다. 그래서 이들을 해킹하기 위해서는 먼저 그들의 기준과 가치관을 파악하는 작업이 필요하다. 그러므로 이들에게는 감정적으로 행동하는 대신, 그 원칙이 무엇이며, 왜 원칙으로 삼았는지를 물어봄으로써 스스로 그 원칙에 대해 공개하길 유도해야 한다. 그리고 그 정보의 빈틈을 찾거나 혹은 그 원칙에 부합하는 요소를 부각시켜 설득을 진행하는 것이 설득 확률을 높일 수 있는 효과적인 방법이다.

또한, 원칙적인 사람들에게는 일관된 태도를 보여주는 것이 필요하다. 그들은 일관성을 중시하기 때문에, 상대방이 일관된 태도를 보일 때 더 신뢰를 갖게 된다. 물론 그 일관된 태도가 지나치게 개인적이거나 불합리했다면 단순한 고집쟁이로만 비추어질 수 있으니 주의하는 것이 좋다.

더 나아가, 상대가 원칙을 고수하는 성향이 강하다는 것을 사람들 앞에서 대놓고 꼬집는 방법도 있다. 이 경우 상대는 아무 잘못이 없음에도 불구하고 마치 뭔가 고집을 부려왔던 사람처럼 비춰진다는 기분에 휩싸일 수 있다. 그래서 오히려 "아니, 내가 언제 그랬어~"와 같은 반응을 이끌어 냄으로써, 이번만큼은 원칙에서 벗어나 다른 선택을 하게 유도하는 방법도 때때로 효과를 볼 수 있다.

인간해킹

CHAPTER 3

적응지향성
/결정지향성

적응지향성과
결정지향성

『인간해킹』의 세 번째 챕터 적응지향성과 결정지향성은 개인의 의사결정 방식, 목표 설정, 계획 수립 그리고 수행 스타일 등에 큰 영향을 미치는 성향으로, 사람들의 문제 해결 방식과 변화에 대한 대응 방식에 중요한 역할을 한다. 이 장에서는 적응지향성과 결정지향성이 무엇인지, 각각의 하위 심리요소와 대립 구도, 그리고 이 성향들을 이해하고 적절히 대처하는 해킹 전략과 주의사항에 대해 다룬다.

적응지향성은 변화하는 상황에 유연하게 대응하고, 열린 태도로 목표와 계획을 수립하는 성향을 의미한다. 적응지향적인 사람들은 새로운 정보나 변화하는 요소를 적시에 반영하여 기존 전략을 수정하고, 상황에 맞춰 대응해 나가려는 경향이 강하다. 이들은 예측할 수 없는 상황에서의 문제 해결에서 스트레스를 덜 느끼며, 변화에 대한 거부감이 적고, 필요한 경우 방향을 수정하는 데 크게 거리낌이 없다. 이러한 성향은 임기응변적인 문제 해결과 다양한 대안 탐색에 유리하다.

반면, 결정지향성은 명확한 목표를 결정하고, 계획을 고수하며, 일관된 방향성을 유지하려는 성향을 의미한다. 결정지향적인 사람들은 상황이 변화하더라도 미리 설정한 목표와 계획을 고수하려는 경향이 강하다. 이들은 명확한 기준과 목표를 바탕으로 기획된 효율적인 프로토콜을 추구하며, 일관성과 안정성을 중요시한다. 결정지향적인 성향은 계획 실행의 안정성을 보장하고, 장기적인 목표 달성에 효과적이다.

적응지향성이 높은 사람에게 합리성이란 언제든 최적의 결정을 내리는 것이다. 그래서 변화에 대한 개방적인 태도와 유연성을 강조한다. 목표를 설정할 때도 절대 불변할 확실한 목표를 수립하기보다는, 미래에 변경될 수 있다는 가능성을 항상 염두에 두는 편이다. 이러한 성향은 인생을 살면서 상황에 따라 목표를 수정하거나 변경하는 경험을 자주 하게 만들고, 이는 다시 유연한 목표 설정을 선호하게 만드는 순환을 일으킨다.

같은 맥락에서, 적응지향성이 높을수록 새로운 문제나 예상치 못한 상황에 직면할 확률 역시 높다. 왜냐하면 스스로를 예측 불가능한 상황에 놓는 것에 거리낌이 별로 없기 때문이며, 오히려 자발적으로 그러한 환경으로 나아가는 경우가 많기 때문이기도 하다. 그래서 이러한 상황에 직면했을 때 다양한 대안을 모색하고 어떻게든 극복하려는 경험이 축적되어 자신감과 효능감을 가지게 될 가능성이 높다. 때문에 급격히 변화하는 상황에 스트레스는 받을지언정 자연스럽게 받아들이며, 필요할 경우 방향을 수정하는 것을 두려워하지 않는다. 이들은 예측 불가능한 환경에서도 스트레스가 상대적으로 적은 편이다.

결정지향성이 높은 사람에게 합리성이란 언제든 일관되게 대응할 수 있는 훌륭한 결정을 내리는 것이다. 그래서 변수를 미리 예측하여 사전에 반영하거나 혹은 변수가 최대한 없는 영역에서 설계된 정밀한 플랜을 강조한다. 목표를 수립할 때도 구체적인 방법론과 마감기한을 설정하고, 계획에 따라 주도면밀하게 행동하는 것을 중시한다.

그래서 결정지향성 수준이 높은 사람은 계획을 수립하는 데 더 많은 공을 들이며, 웬만한 변수에는 영향을 받지 않을 것을 가정한 결정을 내린다. 그래서 이미 수립한 계획에 대해서는 일관성을 유지함으로써 전체적인 효율성을 추구하게 된다. 같은 맥락에서, 결정지향성이 높을수록 설정된 목표를 달성하기 위해 계획에 더 집착하는 경향이 나타난다. 왜냐하면 스스로를 예측 가능한 상황에 놓기 위해 공을 들였기 때문이며, 이에 따라 변수에 따라 갈팡질팡하는 것을 평가절하 하는 방식으로 스스로의 계획 안정성을 도모하기 때문이기도 하다.

때때로 결정지향이 강한 사람의 경우 결정이 그 사람의 감정과 욕망에 크게 작용하기도 한다. 원래는 그렇게까지 욕망이 강하지 않았더라도, 일단 계획을 공들여 세우고 이를 수행하기로 결정을 내림으로써 해당 목표에 감정이 동기화되고 욕구가 집중되는 식이다. 이러한 계획 동기화는 과거의 결정에 대한 가치를 평가절상 하고 몰입을 유도하여 안정적인 성과를 내는 데 도움이 된다.

 적응지향성과 결정지향성은 서로 상반되는 성향이지만, 상황에 따라 각각의 강점이 발휘될 수 있다. 예를 들어, 불확실하고 변동성이 높은 상황에서는 적응지향적인 접근이 더 효과적일 수 있지만, 안정적이고 예측 가능한 상황에서는 결정지향적인 접근이 더 유리할 수 있다. 따라서 이 두 성향을 잘 이해하고 상황에 맞게 조화를 이루는 것이 중요하다.

개방적 목표와 결정적 목표

개방적 목표와 결정적 목표는 개인의 목표 설정 방식을 결정짓는 중요한 요소들이다. 이 2가지 목표 설정 방식은 각기 다른 상황에서 강점과 약점으로 작용하고, 또한 목표를 달성하기 위한 과정을 구성하는 방식에서도 큰 차이를 보인다.

높은 적응지향성: 개방적 목표

적응지향성이 높은 사람은 목표를 설정할 때 개방적인 형태를 유지하려는 경향이 있다. 이는 목표를 설정하고 이미 수행하고 있을지라도 발생한 변수에 따라 목표를 수정하거나 새로운 방향으로 나아갈 수 있는 여지를 남기는 목표 설정 방식이다. 개방적인 목표를 선호하는 사람들은 변화를 자연스럽게 받아들이고, 상황에 맞춰 목표를 조정하는 것을 자연스럽게 생각한다. 이들은 목표를 달성해야 한다는 생각은 갖고 있지만, 혹시라도 목표에 대한 생각과 감정이 달라질 경우의 수를 고려한다. 그래서 목표 자체가 변경될 가능성까지도 열린 마음으로 받아들인다. 이러한 태도는 예측 불가능한 상황을 직면했을 때의 적응력을 높이고, 문제 해결의 다양한 옵션을 미리 탐색할 수 있다는 강점을 갖는다.

개방적 목표를 가진 사람들은 종종 임기응변적 역량과 상황 적응력에 기대어 목표를 달성하는 것을 고려한다. 예를 들어, 스타트업 기업에서 일하는 사람들을 생각해 보자. 이들은 초기에 설정한 목표가 시장 상황이나 고객의 반응에 따라 끊임없이 변화할 수 있음을 이해하고, 그러한 변화를 수용하면서 목표를 재조정한다. 이러한 접근 방식은 빠르게 변화하는 환경에서 적응적이고 유연한 대처가 필요할 때 특히 유리하다. 이들은 목표 달성을 위해 끊임없이 새로운 아이디어를 탐구하며, 실패하더라도 크게 흔들리지 않고 다시 일어서 새로운 방법을 시도해 보려는 성향이 강하다.

이처럼 개방적 목표는 변동성이 큰 조건에서 생존과 성장을 가능하게 한다. 때때로 목표 달성의 과정에서 목표 자체를 수정하는 등의 유연함을 발휘하는 것도 개방적 목표의 중요한 특성이다. 이들은 목표를 고정된 종착점으로 보지 않고, 상황에 맞춰 언제든지 변화할 수 있는 과정으로 인식한다. 따라서 개방적 목표를 가진 사람들은 불확실한 상황에서도 스트레스를 덜 받으며, 오히려 변화를 수용하면서 더욱 창의적인 방식으로 문제를 해결해 나갈 수 있다.

높은 결정지향성: 결정적 목표

반면 결정적 목표는 명확하고 구체적인 목표를 설정하고, 그 목표를 달성하기 위해 일관되게 수행해 나아갈 것을 강력하게 가정하는 목표 설정 방식이다. 결정적 목표를 선호하는 사람들은 일단 목표를 설정하면 그 목표를 쉽게 수정하지 않으며, 태초에 수립한 계획을 성실히 실행해 목표를 달성하는 데 집중한다. 이들은 명확한 목표와 일관된 실행을 통해 효율적이고 안정적인 결과를 얻고자 한다.

물론, 미래를 정확하게 예측하고 모든 변수를 차단하는 것은 어렵다. 그래서 결정지향적인 사람들은 목표를 수립할 때 먼저 가능한 모든 변수를 예상한다. 많은 정보를 모아 정리하고, 해석하며, 검증한다. 이 과정에서 목표는 더 체계화되고 구체화되며 시뮬레이션 된다. 그래서 목표 수립에 많은 자원이 투자될수록 목표를 바꾸는 기회비용은 커진다. 이 높은 기회비용은 목표를 수립하고 수행하는 사람에게 기존 플랜을 고수하게 유도한다.

그 결과, 결정적 목표를 선호하는 사람들은 목표에 대한 일관성과 집중력을 평가절상 하게 된다. 결국 결정적 목표를 세팅하는 방식은 장기적인 목표를 달성하거나, 명확한 기준을 충족시켜야 하는 상황에서 매우 효과적으로 작동할 수밖에 없는 구조를 갖게 된다. 예를 들어, 대규모 건설 프로젝트에서 정해진 일정 내에 모든 과정을 마무리해야 할 때, 결정적 목표는 효율성과 안정성을 보장하는 중요한 역할을 한다. 이들은 중간에 계획을 변경하거나 방향을 전환하는 것을 최소화하고, 처음 설정한 목표에 도달하기 위해 집중적인 노력을 기울여야만 하는 의무를 수반하게 된다.

또한, 결정적 목표를 가진 사람들은 명확한 목표 설정과 효율적인 실행을 중시하며, 외부의 변화나 방해 요소에도 불구하고 계획을 지속하려는 경향이 강하다. 이들은 불필요한 변화를 최소화하고, 목표를 달성하기 위해 일관된 노력을 기울이는 것을 목표의 수립 단계부터 당연하게 포함시킨다. 이러한 특성은 안정적이고 예측 가능한 결과를 만들어 내는 데 도움이 된다.

적시적 결정과
지속 가능한 결정

적시적 결정과 지속 가능한 결정은 타임라인에서의 상반된 차이를 보이는 심리요소들이다. 이 2가지 접근 방식은 대조되는 성질을 갖고 있기 때문에, 각기 다른 상황에서 유리하게 작용하게 된다.

높은 적응지향성: 적시적 결정

적응지향성이 높은 사람에게서 발견할 수 있는 또 다른 특성으로는 적시적 결정을 선호하는 것이다. 적시적 결정은 주어진 상황에서 신속하게 결정을 내리고, 상황에 맞춰 빠르게 행동하는 의사결정 방식이다. 이 방식은 시간 압박이 있거나, 빠르게 급변하는 상황에서 최선의 결과를 낼 때 중요한 역할을 한다. 적시적 결정을 내리는 사람들은 실시간으로 주어지는 정보를 바탕으로 유연하게 판단하고, 이를 최종 결정에 즉시 적용하는 데 주저함이 없다. 이들은 빠른 속도와 유연한 의사결정 그리고 즉각적인 반응과 행동을 통해 상황을 해결하려는 경향이 있다.

적시적 결정은 필요한 때 망설임 없이 결정되어야 한다는 전제 조건에 따라 빠른 판단력을 요구한다. 그래서 상황이 변하거나 긴급한 상황이 발생했을 때, 신속하게 정보를 수집하고 즉각적으로 판단을 내릴 수 있어야 한다. 빠른 판단력은 예측할 수 없는 상황에서 효과적으로 대처하기 좋으므로, 적시적 결정을 선호하는 사람 입장에서는 다소 충동적인 결정을 내린 것처럼 비춰질 가능성을 배제할 수 없다.

빠르게 결정했다면 바로 행동에 옮겨야 하며, 기존에 하고 있던 행동을 취소하고 새로운 결정을 반영하는 유연함이 있어야 한다. 그래서 적시적 결정을 내리는 사람들은 번복된 결정을 바로 적용하는 데 있어 망설임이 적은 편이다. 또한, 상황이 변할 때마다 그에 맞춰 행동을 수정할 수 있으며, 필요하다면 자신의 결정을 번복하거나 새로운 결정을 내리는 데 주저하지 않는다.

이 결과, 적시적 결정을 선호하는 사람들은 어떠한 현상에 대해 즉각적으로 반응하고 피드백하려는 경향을 보이게 된다. 더불어 무언가 결정을 내렸다면 그 결과에 대해 즉각적인 피드백을 받는 것 역시도 중요하게 생각한다. 이들은 이러한 경향 덕분에 상황의 변화를 빠르게 파악하고, 바로 다음 행동에 반영하는 빈도가 높다는 특징을 갖는다.

결론적으로, 적시적 결정은 빠른 대응이 요구되는 상황에서 큰 장점을 발휘한다. 재난 상황에서 긴급하게 대처해야 할 때, 빠르게 상황을 파악하여 필요한 조치를 기존의 매뉴얼에 빠르게 반영할 수 있다. 이들은 상황이 어떻게 변하든 신속히 적응하며, 필요하다면 새로운 결정을 내려 상황을 통제하려고 한다. 그러나 이러한 성향은 때로는 깊이 있는 분석이 부족하거나, 장기적인 영향을 고려하지 않는 단점을 가질 수 있다.

높은 결정지향성: 지속 가능한 결정

지속 가능한 결정은 장기적인 관점에서 안정적이고 지속 가능한 결과를 내기 위해 심사숙고하여 결정을 내리는 방식이다. 결정지향성이 높을수록 현재의 상황뿐만 아니라 미래에 미칠 영향을 충분히 고려하여 결정을 내리며, 신중한 계획과 분석을 통해 목표를 달성하려고 한다. 지속 가능한 결정을 내리는 사람들은 즉각적인 결과보다는 장기적인 안정성과 효율성을 중시하며, 목표를 달성하기 위한 일관된 노력을 기울인다.

내가 오늘 내린 결정이 1년 뒤에도 바꿀 필요가 없이 유효하려면 그 결정은 매우 잘 고안되어야 한다. 그래서 오랫동안 지속이 가능한 결정은 그만큼 더 세심하고 주의 깊게 설정될 수밖에 없다. 결정지향성

인간해킹

이 높은 사람들은 기회비용이 높고 중대한 결정일수록 많은 정보를 바탕으로 심사숙고하는 경향을 보인다. 이들은 결정을 내리기 전에 상황을 충분히 분석하고, 다양한 가능성을 고려하며, 장기적인 관점에서의 결과를 예측한다. 이러한 심사숙고는 단기적이고 즉각적인 이익보다는 장기적이고 지속적인 보상을 목표로 한다.

당연하게도 이러한 목적을 달성하기 위해서는 결정 자체의 특성뿐만 아니라 이를 수행하는 과정에서도 일관성이 있어야 한다. 약간의 변수에도 쉽게 목표가 변한다면, 그것은 애초에 잘못된 계획이었거나 시작하지도 말았어야 할 결정이 되기 때문이다. 그래서 목표를 달성하는 과정에서 동기 부여의 저하나 방황을 막기 위해 더욱 체계적이고 세심하게 계획을 세우고, 그 계획을 최대한 일관되게 실행할 수 있는 환경을 설계하길 원한다. 일단 시작하게 되면, 이들은 변화에 쉽게 동요하지 않으며, 설정된 목표를 달성하기 위해 꾸준히 노력하길 요구한다.

무언가를 향해 장기적인 결정을 내리고 이를 성실하고 일관되게 추구하길 원하다 보면 자연스럽게 미래 지향적으로 사고하게 된다. 왜냐하면, 지속 가능한 결정을 내리는 사람들은 현재의 선택이 미래에 미칠 영향을 고려할 수밖에 없기 때문이다. 미래의 가치를 중요하게 여기지 않는 사람은 결코 장기적인 결정을 선호하지 않는 것처럼, 결정지향성이 높은 사람일수록 미래의 가치를 중요하게 여긴다. 그래서 이들은 단순히 현재의 문제를 해결하는 데 그치지 않고, 그 결정이 미래에 가져올 결과까지도 예측하며, 최대한 긍정적인 영향을 미치도록 선택한다.

지속 가능한 결정은 장기적인 안정성과 지속성을 보장해야 하는 상황에서 유리하게 작동한다. 예를 들어, 기업의 장기적인 전략을 수립할 때 지속 가능한 결정을 내리는 것은 회사의 안정적인 성장을 도모하고, 미래의 불확실성을 줄이는 데 큰 도움이 된다. 또한 개인의 삶을 예로 들자면, 인생의 장기적인 전략을 탄탄하게 수립함으로써 개인이 살 온갖 좌절과 불안을 잘 극복하게 해주는 안정성을 확보하는 데 큰 도움이 된다. 당장의 이익보다는 미래의 성과와 안정성을 우선시하고, 이를 위해 현재의 선택을 신중하게 다루는 것이다. 그러나 이러한 성향은 때로는 결정을 내리는 데 필요한 정보와 시간이 많아지거나, 위기 상황에서 너무 극단적인 결정을 내리는 등의 단점이 있을 수 있다.

개방적 계획과
통제적 계획

개방적 계획과 통제적 계획은 사람들이 계획을 수립할 때 나타나는 2가지 상반된 심리적 성향이다. 이 두 계획 방식은 '계획'이라는 개념에 대한 기본적인 태도에서부터 차이를 보인다.

높은 적응지향성: 개방적 계획

적응지향성이 높은 수준을 보인다면, 개방적인 계획을 선호할 확률이 높다. 개방적 계획은 목표를 설정할 때 계획의 개방성(openness)을 확보하고 유지하고자 하는 의도가 반영된다. 미래에 혹시라도 발생할 수도 있는 변수에 따라 계획을 수정하거나 새로운 방향으로 나아갈 수 있는 여지를 남기는 것이다. 개방적 계획을 선호하는 사람들은 예상하지 못한 변수보다는, 그 변수를 그 즉시 반영하지 못하는 상태 자체를 더 두려워한다. 그래서 상황에 따라 계획을 수정하는 것은 자연스러울 뿐만 아니라 당연하게 받아들이는 것이다. 이들에겐 목표를 달성하기 위한 방법이 여러 가지일 수 있으며, 상황에 따라 언제든 최적의 방법을 선택할 수 있다는 믿음을 필요로 한다.

개방성이 높은 계획은 과정뿐만 아니라 목표까지도 유연하게 변경될 수 있는 상태를 포함한다. 그래서 목표를 설정할 때 상황에 따라 계획을 변경할 수 있는 가능성을 고려한다. 목표를 달성하는 방법은 여러 가지가 있을 수 있으며, 그 과정에서 변화가 필요하다면 당연히 즉시 반영해야만 한다고 느낀다. 이러한 유연성은 예측할 수 없는 상황에서도 스트레스를 덜 받고, 창의적인 해결책을 모색하는 데 도움이 된다.

개방적 계획을 선호한다고 해서 변화하는 환경에 스트레스를 느끼지 못하는 것은 아니다. 다만, 가끔은 그러한 변수가 발생할지도 모르는 미래를 마치 이미 발생한 것처럼 간주함으로써 그러한 불안과 스트레스를 관리하려는 의도를 포함할 뿐이다. 그래서 계획이 아무리 완벽할지라도 이 계획을 절대적으로 고수해야 한다는 닫힌(closed) 상태의 결정에 대해 불편함과 불안을 느낄 수밖에 없다. 그래서 계획 자체의 완전무결함보다는 언제든 내 마음대로 변경할 수 있다는 개방성 자체를 선호하는 상태라는 것을 명심해야 한다.

예측할 수 없는 미래의 돌발 변수에는 외부요인만 있는 것이 아니다. 이들은 적응지향성이 높기 때문에, 본인의 감정이나 니즈가 바뀔 수도 있다는 가능성을 열어둔다. 예를 들어 하루에 8시간씩 공부를 하겠다는 계획을 수립할 때도, 이들은 갑자기 컨디션이 좋지 않거나 공부하기가 싫은 감정에 휩싸이는 경우의 수까지도 계획에 반영하고

인간해킹

싶어 한다. 그러나 이러한 것들까지 반영하면 계획을 세우는 것의 의미가 퇴색되기 때문에, 미래의 자신이 언제든지 그 계획을 변경할 수 있다는 무형의 가능성을 포함한 상태인 개방성(openess)을 선호하게 되는 것이다.

이처럼 개방적 계획은 변화가 빈번하거나 불확실성이 큰 상황에서 선호될 수 있는 계획 모델이다. 입맛이 까다로운 부모님을 모시고 해외여행을 간다면, 출발 전에 모든 식당을 100% 확정할 수 없는 것처럼, 현재는 알 수 없다는 이유만으로 미처 확정할 수 없는 요인이 많은 프로젝트에 대해서는 계획을 유연하게 수정할 수 있는 능력이 매우 중요하다. 개방적 계획에 익숙한 사람들은 다양한 가능성을 열어두고, 필요할 때마다 계획을 수정하면서 최선의 결과를 도출할 수 있다. 그러나 이러한 성향은 때로는 일관성이 부족하거나 목표를 달성하는 과정에서 혼란을 초래할 수 있는 단점이 있다.

높은 결정지향성: 통제적 계획

결정지향성이 높은 수준을 보인다면, 통제적인 계획을 선호할 확률이 높다. 통제적 계획은 목표를 달성하기 위해 명확한 절차와 세부 계획을 수립하는데, 이를 엄격히 준수한다는 약속을 포함한다. 통제적 계획을 선호하는 사람들은 목표 달성 과정에서 예측 가능한 결과를 얻기 위해 가능한 모든 변수를 통제하려는 경향이 있다. 이들은 계획이 세워지면 그 계획을 철저히 지키는 것을 기본 전제로 삼고, 예상치 못한 변화나 변수를 최소화하려고 노력한다.

'통제'라는 개념이 성립하기 위해서는 매우 구체적이고 세부적인 액션 플랜이 수반되어야만 한다. 제안된 방법만을 실행했음에도 불구하고 목표를 달성해야만 하기 때문이다. 그래서 통제적 계획은 웬만하면 구체적이고 세부적인 특징을 갖는다. 계획은 단계별로 명확하게 정의되고, 각 단계에서 이루어져야 할 작업이 구체적으로 나누어져 있어야 한다. 이러한 계획 수립 방식은 목표를 달성하는 데 있어 예측 가능성을 높이고, 모든 과정이 명확히 정의되기 때문에 계획을 수행하는 과정에서 겪을 혼란이 줄어든다는 장점이 있다.

통제적 계획을 선호하는 사람들은 목표 달성 과정에서 안정성과 일관성을 중요하게 여긴다. 이들은 변화에 대한 불확실성을 최소화하고, 미리 정해진 플랜에 따라 행동함으로써 예측이 가능한 안정적인 결과를 도출하려고 한다. 이러한 성향은 자연스럽게 불확실성을 회피하려는 성향으로 이어진다. 이들은 계획의 모든 부분이 명확하게 통제될 수 있기를 바라며, 이를 통해 발생할 수 있는 리스크를 최소화하려고 한다. 따라서 불확실한 상황이나 예상치 못한 변화에 대해 불안감을 느끼기 쉽고, 계획에서 벗어나는 행동을 꺼린다. 설령 갑자기 더 나은 대안이 눈에 들어오더라도, 그 차이가 크지 않다면 기존의 계획을 고수하는 경향을 보이기도 한다. 이는 기존에 수립한 계획의 가치, 즉, 이를 갑자기 변경하는 행위에 대한 기회비용을 고평가하기 때문이다. 그래서 중대한 결정을 내린 상황에서 이들의 마음을 바꾸길 요구하고 싶다면, 설득을 위한 세심한 준비가 필요하다.

통제적 계획은 안정성과 예측 가능성이 중요한 상황에서 큰 장점을 발휘한다. 예를 들어, 대규모 건설 프로젝트나 다수가 동시에 협업해야 하는 개발 업무 등에서 통제적 계획이 큰 도움이 된다. 이러한 상황에서는 모든 과정이 명확히 정의되어 있어야 하며, 예상치 못한 변화가 최소화되어야 하기 때문에 통제적 계획이 효과적이다. 그러나 이러한 성향은 때로는 유연성이 부족하거나 변화에 적절히 대응하지 못하는 단점이 있을 수 있다.

유연화와 체계화

유연화와 체계화는 개인이 목표를 달성하기 위해 과업을 어떤 방식으로 설계하는지를 설명하는 2가지 대조적인 심리 성향이다. 이 2가지 접근 방식은 서로 다른 상황에서 각각의 강점을 갖기 때문에, 상황에 따라 적절히 그 비율을 조정함으로써 보다 효율적인 프로세스 설계가 가능하다.

높은 적응지향성: 유연화

높은 적응지향성은 필연적으로 유연한 프로세스를 추구하게 만든다. 언제 발생할지 모르는 변수에 대처하기 위해서는 너무 딱딱하고 정형화된 계획은 그리 효과적이지 못하기 때문이다. '유연화'는 목표를 달성하기 위해 계획을 수립하되, 상황에 따라 계획을 수정하고 새로운 접근 방식을 시도할 수 있는 유연함을 가져가는 방식이다. 유연화를 선호하는 사람들은 계획을 세우는 과정에서 지나치게 고정된 틀을 따르기보다는, 변화하는 상황과 환경에 맞춰 계획을 수정하는 것을 중요하게 생각한다. 이들은 목표 달성의 과정에서 변화와 적응이 필요하다고 여기며, 이를 성장과 발전의 기회로 여긴다.

유연화된 프로세스는 항상 상황에 맞게 계획을 수정할 수 있는 여지를 남긴다. 이들은 목표를 달성하는 데 있어 단일한 방법만 고수하지 않으며, 상황에 따라 최선의 방법을 선택할 수 있다고 믿는다. 이러한 의도된 공간들은 문제가 발생했을 때 바로 채워 넣을 수 있는 여분의 포켓으로 기능한다. 유연화된 접근을 선호하는 사람들은 변화에 대해 비교적 더 개방적인 태도를 가지고 있으며, 변화하는 상황을 자연스럽게 받아들인다. 이들은 계획이 변경될 수 있다는 점을 받아들이고, 변화가 필요할 때 이를 주저하지 않고 실행에 옮긴다. 예를 들어, 프로젝트 도중 새로운 정보가 생기거나 더 나은 방법이 발견되면, 기존 계획을 수정하여 더 나은 결과를 얻으려 한다.

특정 프로젝트를 기획할 때 너무 타이트하게 수립하기보다는 약간의 시간적 여유를 둔다면 알 수 없는 불확실한 상황에 대비할 수 있다. 이러한 공간 덕분에 변화가 빈번하거나 불확실성이 큰 상황에서 매우 효과적이다. 예를 들어, 충동성이 강한 친구와의 여행에서 여행 계획을 세우거나 함께 업무를 추진할 때 유연화된 접근은 큰 장점을 발휘한다. 유연화된 계획을 통해 다양한 가능성을 열어두고, 필요할 때마다 계획을 수정하고 보완하면서 결국에는 최선의 결과를 만들어 나갈 수 있다. 그러나 이러한 성향은 때로는 일관성이 부족하거나 목표를 달성하는 과정에서 미처 예상하지 못한 비용이 발생할 수 있는 단점이 있다.

높은 결정지향성: 체계화

높은 결정지향성을 가진 사람은 기본적으로 체계화된 프로세스를 선호한다. 체계화는 목표를 달성하기 위해 구조적이고 조직적인 계획을 세우고, 그 계획을 일관되게 실행하는 방식을 의미한다. 결정지향적인 사람들은 더 빠른 시점에 더 지속 가능한 결정을 선호하기 때문에, 이 결정을 더 일관되고 확실하게 유지하게 된다. 이 과정에서 최적화된 방법은 바로 고도로 구조화하고 체계화하는 것이다. 확실하게 결정된 사항에 따라 목표를 달성하기 위한 명확한 시스템과 절차를 수립하고, 이를 준수하여 일관된 산출물을 기획하는 방식이다. 이들은 복잡한 문제를 해결하기 위해 체계적인 접근을 취하며, 모든 과정이 정돈되고 예측 가능하게 유지되는 것을 중요하게 생각한다.

가령 하나의 기계를 만든다고 했을 때, 대략적인 형상이나 기능에 대해 공감대가 있을지라도 바로 생산에 임해서는 안 된다고 보는 것이 체계화된 프로세스의 입장이다. 먼저 기계의 명확한 규격과 부품의 스펙을 확립하고 이를 어디에서 어떻게 소싱할 것인지 등의 세부사항을 결정해야 한다. 그리고 그 예산과 보관 방법까지 설정하고 그 담당자뿐만 아니라 과업의 기한과 이를 지키지 않았을 때의 대안까지 세팅한다. 이러한 과정을 기계 제작의 모든 과정에 세부적으로 그대로 적용하여 전반적으로는 프랙탈 구조처럼 보일 정도로 체계화한다. 그럼으로써 계획의 각 단계가 논리적으로 연결되도록 하여, 전체적인 흐름을 명확하게 이해하고 이를 확실하게 실행한다. 이러한 구조적인 접근은 목표 달성 과정에서 혼란을 줄이고, 모든 과정이 체계적으로 진행되도록 보장한다.

체계화된 구조에서 절차를 무시하게 되면 결과를 보장할 수 없게 된다. 왜냐하면 고도화된 구조에서는 많은 변수를 포용할 수 없기 때문이다. 그래서 체계화를 선호하는 사람들은 절차를 지키는 것을 중요하게 여긴다. 그리고 목표를 달성하기 위한 방법론이 명확하게 정의되어 있어야 한다고 믿는다. 이들은 절차가 명확하게 정의될수록 목표를 더 쉽게 달성할 수 있다고 생각하며, 모든 과정에서 절차의 일관성을 유지하려고 한다. 예를 들어, 프로젝트를 진행할 때 명확한 일정과 단계별 목표를 설정한 매뉴얼을 철저히 따르는 것을 기본 전제로 하는 것처럼 말이다.

이렇게 체계화하게 되면 말이나 메모만으로는 제대로 모니터링하고 통제할 수 없다. 그래서 체계화를 중요하게 생각하는 사람들은 계획과 실행 과정을 문서화하고, 이를 기록으로 남기는 것을 선호한다. 이러한 기록은 계획의 일관성을 유지하고, 필요할 때 참조할 수 있는 자료로 활용된다. 문서화된 자료를 통해 계획의 진행 상황을 관리하고, 문제 발생 시 원인을 분석하며, 향후 개선할 점을 도출하는 데 도움이 된다.

자발적 효율과
구조적 효율

자발적 효율과 구조적 효율은 2가지 상반된 효율성 추구 방식이다. 사람이 어떤 상황에서 효율적으로 과업을 수행하게 되는지에 대해 서로 다른 관점에서 효용을 느끼는 대표적인 사례로도 볼 수 있다.

높은 적응지향성: 자발적 효율

높은 적응지향성을 가진 사람들은 보통 자발적인 상황에서의 효율을 선호하는 경향이 있다. 여기서 자발적 효율이란 상황에 맞게 스스로 판단하고 행동하여 효율성을 추구하는 방식이다. 이들은 자발적으로 융통성을 발휘해 효율적인 결과를 도출하려고 한다. 딱딱하고 엄격한 규칙에 얽매이기보다는, 순간의 상황과 필요에 따라 자발적으로 최선의 방식을 찾는 것을 더 편안하게 느낀다.

자발적 효율을 추구하는 사람들은 매뉴얼에 의존하기보다는 스스로 문제를 해결하는 데 집중한다. 또한 상사의 지시나 정해진 절차에 얽매이지 않고, 주어진 상황에서 즉각적인 판단을 통해 최적의 해결책을 찾아낸다. 즉, 목표를 달성하는 과정에서 스스로 떠올린 방식으로 유연하게 대처하며 문제를 해결한다고 볼 수 있다. 그래서 치밀한 계획을 세우고 이에 철저하게 따르기보다는 더욱 빈번하게 즉흥적 접근을 시도한다. 예를 들어, 어떤 조립식 가구를 구매했을 때 매뉴얼을 읽고 그대로 조립하기보다는 스스로의 판단으로 적절해 보이는 방법을 시도하며 조립을 완성하는 식이다.

또한, 자발적 효율은 동기에 의해 추진된다. 때때로 세상 일이라는 것은 수행 방법 자체의 효율성보다는 이를 수행하는 사람이 얼마나 열정을 가지고 집중하는지에 달려 있는 경우가 많다. 이들은 업무에 대한 동기가 높을 때 더 빠르고 효율적으로 행동하며, 자신이 흥미를 느끼고 자발적으로 움직여야 효율적이라고 믿는다. 따라서 외부에서 주어진 강제적인 상황에 놓여 있을 때 열정과 동기를 잃고, 오히려 스스로 설정한 목표를 자발적으로 수행할 때 더 강한 몰입을 유지한다.

자발적 효율은 프로젝트 자체가 구조적으로 개개인의 열정과 몰입에 영향을 많이 받을 때 더욱 빛을 발한다. 특히 개인의 판단과 현장에서의 대처가 중요한 업무라면 더욱 그러하다. 예를 들어, 개인 단위로 움직여야 하는 프로젝트나 구조적으로 예측 불가능한 상황에서는 자발적 효율이 강점을 발휘한다. 이들은 규칙에 얽매이지 않고, 변화하는 환경에 자발적으로 움직이며 효율적인 해결책을 모색한다. 그러나 이러한 프로세스는 개인의 업무 수행 역량에 의존하기 때문에, 다수가 함께 협업하는 과업 혹은 장기적인 프로젝트에는 적합하지 않다는 한계가 있다.

높은 결정지향성: 구조적 효율

높은 결정지향성을 가진 사람들은 보통 고도로 구조화된 환경에서의 효율을 선호하는 경향이 있다. 구조적 효율은 명확하게 정의된 절차와 규칙에 따름으로써 효율성을 극대화하는 방식이다. 이들은 정해진 프로세스를 따르며, 체계적인 계획을 통해 목표를 달성하는 것을 좋아한다. 모든 과정이 단계별로 잘 구성되어야 하며, 과업의 각 단계별 논리적 흐름의 완성도를 높여 인풋 대비 아웃풋의 효율성을 극대화한다.

구조적 효율을 원하게 되는 이유는 여러 가지가 있지만, 기본적으로 그 어떤 사람이 참여해도 예측 가능하고 지속 가능한 결괏값을 기대할 수 있다는 메리트를 더 중요하게 생각하기 때문이다. 그렇기 때문에 자발적인 동기와 몰입이 중요하게 여기는 자발적 효율과는 정반대로, 철저한 계획 수립이 효율성을 높이는 핵심이라고 간주한다. 그래서 구조적 효율의 대상으로 결코 성실하고 똑똑한 수행자가 아니라, 평범하거나 혹은 다소 인지능력이 부족한 사람을 상정한다. 모든 단계가 명확하게 정의되고 정밀하게 설계된다면, 비록 다소 역량이 부족한 사람이 수행하더라도 일관된 결과를 기대할 수 있기 때문이다.

결국 구조적 효율은 정해진 절차를 엄격히 따르는 것을 전제할 수밖에 없다. 자발적 효율은 애초에 엄격하게 따를 많은 규칙을 배제함으로써 효율을 추구하지만, 구조적 효율은 더 철저하고 변수 없이 규칙이 지켜질수록 효율성이 높아진다고 믿으며, 예기치 않은 변화를 최소화하려고 노력한다. 그러기 위해서는 프로세스가 표준화되어야 하며, 모든 과정이 체계적으로 조직되어 있어야 할 수밖에 없다.

이러한 접근은 특히 대규모 프로젝트나 다수의 인원이 참여하는 업무에서 빛을 발한다. 예를 들어, 대규모 조직에서의 업무 관리나 규격화된 절차를 요구하는 프로젝트에서는 구조적 효율이 필수적이다. 이들은 명확한 규칙과 절차를 통해 효율성을 높이고, 실수를 줄이며 일관된 결과를 얻는다. 그러나 이러한 성향은 프로세스를 제대로 준수했음에도 불구하고 결괏값이 달라지는 현상을 설명하기 어렵고, 새로운 상황에서 신속히 대응하지 못하는 단점이 있을 수 있다.

적응지향성과 결정지향성을 해킹하는 맞춤형 전략

개방적 목표 맞춤형 전략

개방적 목표를 선호하는 사람과 협력할 때는 지나치게 닫으려고 (close) 하지 않는 것이 좋다. 이들은 목표를 달성하는 과정에서 자유롭게 생각하고 새로운 시도를 할 수 있다는 개방성이 중요하기 때문이다. 따라서 그들이 계획을 유연하게 변경할 수 있도록 환경을 만들어 주는 것이 중요하다. "일단 이렇게 목표를 설정하긴 했지만, 언제라도 다른 제안을 하고 싶다면 언제든지 말해줘."와 같은 표현을 통해 그들로 하여금 뭔가 열려 있다는 개방감을 주는 것이 좋다.

다만, 목표로 하는 것의 기간이 짧고 그리 중요하지 않다면 때때로 닫아주는 것도 괜찮다. 닫혔을 때의 안정성을 강조하되 그 부작용은 거의 없다는 것을 꼬집으면 상대방도 이를 거절할 이유가 없어지기 때문이다.

결정적 목표 맞춤형 전략

결정적 목표를 선호하는 사람들에게는 명확하고 구체적인 지침을 제공하는 것이 효과적이다. 가령, "네가 알아서 해봐."와 같이 모호하고 개방적인 목표 설정은 이들에게 혼란을 주며 동기를 상실하는 원인이 된다. 이들은 목표가 분명히 설정되어 있고, 그 목표에 집중할 수 있을 때 더 큰 성과를 낸다. "이번 프로젝트의 목표는 이 특정 결과를 달성하는 것이며, 이를 위해 이 단계를 따르자."와 같은 명확한 지침을 주면 그들은 더욱 편안함과 안정감을 느끼며 목표 달성에 대해 신뢰감을 갖는다.

적시적 결정 맞춤형 전략

적시적 결정을 선호하는 사람은 결정 자체의 적시성과 효과성을 중시한다. 아무리 심사숙고한 결정일지라도 그것이 미래의 변수를 반영하지 못하면 최적화될 수 없다고 믿기 때문이다. 그래서 이들과 프로젝트를 함께할 때 적절히 자율권을 부여하는 것이 좋다. 더 나아가 모든 것을 미리 결정하기보다는, 다소 변수가 많을 것으로 추정되는 부분에 대해서는 결정을 임시적인 상태로 규정한다거나 혹은 아예 결정을 유보하는 것도 좋다. 그리고 이후 이 결정들을 다시 닫아야 할 시점에 이들의 조언을 구하는 방법도 효과적일 수 있다. 예를 들어, "워낙 고려해야 할 변수가 많으니까 임시로 결정을 내리고, 일단 실행에 옮기면서 나중에 확정해 보자."와 같은 표현이 좋다.

지속 가능한 결정 맞춤형 전략

지속 가능한 결정을 선호하는 사람은 결정 사항이 오랫동안 유효하기를 바라는 심리적 동기가 있다. 그래서 당장은 효과적이더라도 미래에는 유효하지 못할 만한 결정을 평가절하 하는 경향이 나타난다. 때문에 함께 어떠한 결정을 내려야 할 경우에는 이 결정이 고려해야 하는 타임라인을 정확하게 설정하는 것이 좋다. 예를 들어 다이어트를 해야 한다면 언제부터 언제까지 특정한 체중을 유지하는 것을 목표로 하는지를 설정하는 방법이 있다. 이 과정에서 계획이 지속 가능한 방향으로 구성되고, 이는 곧 이들이 이 결정을 따라야 하는 강한 동기를 얻는다는 것을 의미한다.

개방적 계획 맞춤형 전략

개방적 계획에 대한 선호가 높은 사람과 함께 계획을 수립한다면 계획에 빈 공간을 부여하는 것이 좋다. 예를 들면, 계획을 바꾸는 것을 계획에 포함하는 방법이 있다. 그들은 상황에 따라 계획을 수정하고 싶어 하므로, '필요할 때 언제든지 계획을 변경할 수 있다'는 메시지를 주는 것이 효과적이다. 더 나아가 "이 부분은 결정을 보류할 거니까 적당한 때 확정하자."라고 가능성을 열어둠으로써 이들이 실시간으로 생긴 영감과 아이디어를 빈 공간에 적용하기 위해 스스로 노력하게 유도할 수 있다.

결정적 계획 맞춤형 전략

통제적 계획에 대한 선호가 높은 사람과 협력할 때는 명확한 절차와 세부적인 계획을 미리 결정해 주는 것이 중요하다. 이들은 계획이 명확하게 결정되어 있어야 비로소 전력으로 에너지를 쏟을 수 있다고 믿기 때문이다. "이 계획은 단계별로 이렇게 진행될 것이며, 각 단계마다 이러한 목표를 달성하기로 결정되었다."와 같은 설명을 통해 그들이 정해진 대로만 달리면 된다는 안정감을 느끼도록 도와주는 것이 효과적이다. 만약 언제든지 변경될 수 있다거나 더 나은 방법이 있으면 마음대로 하라는 식으로 열어둔다면 이들은 시작하기도 전에 계획에 대한 흥미와 신뢰를 잃을 수 있다.

유연화 맞춤형 전략

유연화를 선호하는 사람들은 상황에 따라 계획을 수정하고 새로운 접근 방식을 시도하길 원한다. 그러므로 유연성을 존중하는 환경을 조성하는 것이 좋다. 예를 들어, "이 문제를 해결하기 위해서는 이 방법이 가장 좋아 보이지만, 실행하면서 다른 좋은 방법이 떠오르면 반영해 보자."와 같은 말을 통해 그들이 언제든지 자신의 영감과 아이디어를 내놓을 수 있도록 독려할 수 있다. 또한, 여러 옵션을 제시하고, 각 옵션의 장단점을 분석할 수 있는 시간을 주는 것도 좋다. "다양한 옵션들을 검토하고, 현재 상황에 가장 적합한 것을 선택해 보자"와 같은 접근은 그들의 효율성을 끌어올리는 좋은 방법이다.

체계화 맞춤형 전략

체계화를 선호하는 사람들은 정확히 정의된 구조와 절차를 신뢰한다. 이들은 과정 자체가 목표를 달성하기 위해 충분한 구조임을 체감했을 때 비로소 안정감을 느낀다. 그래서 체계화 선호도가 높은 사람들의 효율을 끌어올리기 위해서는 분명하고 명확하게 구조화된 프로세스를 제공하는 것이 좋다. 다만, 이 경우 프로세스가 생각보다 복잡해지는 문제가 있기 때문에, 각 단계별로 진행 상황을 추적하고 관리할 수 있는 체크-리스트(Check-list) 혹은 태스크 매니저(Task Manager) 애플리케이션을 함께 활용함으로써 결과를 향해 나아가고 있다는 체감과 책임감을 함께 유도할 수 있다.

CHAPTER 4

타인 애착 모델

타인 애착 모델

『인간해킹』의 네 번째 챕터 타인 애착 모델은 성인 애착 유형으로 알려진 심리체계를 다룬다. 바살러뮤(Bartholomew)와 호로비츠(Horowitz)가 체계화한 이 이론은 영국의 정신건강의학과 의사 존 볼비(John Bowlby)가 최초로 고안한 모델에서 성인들에게 범용적으로 적용할 수 있다는 것을 증명했는데, 이 책에서는 이것을 타인 애착 이론으로 명명하여 인간해킹을 위한 하나의 도구로 활용한다.

타인 애착 모델의
활용 이유와 유형 설명

인간은 본질적으로 사회적 존재다. 우리는 다른 사람들과 관계를 맺으며 살아가고, 그 과정에서 깊은 애착을 형성하게 된다. 이러한 애착은 인간으로서 생존하기 위해 가장 중요한 심리적 역동이며, 특히 가까운 관계에서 그 중요성이 강조된다. 타인 애착 모델은 사람들이 타인과 관계를 맺는 방식, 즉 애착을 형성하고 유지하는 방식에 대한 이해를 제공하는 심리적 도구이다. 타인 애착 모델의 주요 유형들을 살펴본다면, 왜 타인 애착 모델을『인간해킹』에서의 대인관계 분석 섹션에서 가장 먼저 활용하게 되었는지를 어렵지 않게 깨닫게 될 것이다.

애착은 우리가 어린 시절 주 양육자와의 관계에서 형성된 정서적 유대감을 바탕으로 한다. 이 경험은 성인이 된 이후에도 대인관계를 맺는 방식에 중요한 영향을 미치며, 각 개인의 애착 스타일은 사람들 간의 차이를 만들어 낸다. **불안의존형, 회피독립형, 혼란형**, 그리고 안정형, 이렇게 4가지 애착 유형이 있으며 각 유형에 대한 의존도 수치를 분석함으로써 한 개인의 대인관계 패턴의 원인과 그 인과관계를 추론할 수 있다.

타인 애착 모델을 인간해킹의 관점에서 접근하는 것은 실제로 매우 실용적이다. 특히 대인관계에 있어서 상대방의 행동을 예측하고, 그들이 어떤 상황에서 어떻게 반응할지를 미리 파악할 수 있다면 그들의 인간관계를 더 주도적으로 이끌거나 혹은 상대에게 더 편안함을 제공할 수 있기 때문이다. 예를 들어, 불안의존형 애착을 가진 사람들은 상대방의 관심과 애정을 필요로 하며, 이러한 필요가 충족되지 않을 때 불안을 느낀다는 것을 이해했다면, 이들의 불안을 줄이고 안정감을 주기 위해 더 강력하고 일관된 정서적 지지와 확신을 제공함으로써 상대방을 해킹할 수 있다.

반면에 회피독립형 애착을 가진 사람들은 스스로를 보호하기 위해 타인과의 거리를 두고자 하며, 과도한 친밀감에 불편함을 느낀다. 이들과 상호작용할 때는 그들이 필요로 하는 개인 공간을 존중하고, 그들에게 과도하게 가까워지려 하거나 개입하려 들지 않는 것이 효과적이다.

애착 유형을 제대로 활용한다면 단순히 대인관계에서의 문제를 해결하는 것뿐만 아니라, 더 넓은 관점에서 타인을 이해하는 데 중요한 통찰을 얻을 수 있다. 애착은 우리가 타인을 신뢰하고 의지하는 방식, 혹은 타인으로부터 독립하려는 욕구를 어떻게 조절하는지에 대한 기본적인 원리를 제공한다.

각 애착 유형을 이해하고 이를 인간해킹에 적용하면, 타인과의 의사소통에서 불필요한 갈등을 피할 수도 있지만, 또한 자기 이해에도 도움이 된다. 자신의 애착 유형을 이해함으로써, 타인과의 관계에서 본인이 왜 특정한 패턴으로 반응하는지를 인식할 수 있다. 예를 들어, 자신의 애착 유형이 불안의존형임을 알게 된다면, 타인에게 지나치게 의존하려는 경향이 있을 수 있음을 자각하고 이를 조절하기 위한 명확한 방법을 찾을 수 있다. 마찬가지로, 회피독립형 애착을 가진 사람은 타인과의 관계에서 거리감을 두려는 자신의 행동을 이해하고, 상대방에게 오해를 불러일으키지 않도록 충분한 설명과 양해를 구할 수 있다. 이렇게 타인 애착 유형을 통한 깊은 자기 이해는 더 성숙하고 건강한 대인관계를 형성하고 운영하는 데 도움을 준다.

타인 애착 모델을 이해하고 이를 실제 관계에 적용하는 것은 인간 해킹의 강력한 도구라는 점을 다시 한번 강조한다. 이는 단순히 타인의 행동을 분석하고 이해하는 것을 넘어서, 그들과의 관계를 긍정적으로 변화시키는 힘을 제공한다. 가족관계, 교우관계뿐만 아니라 연인이나 부부관계에서 더욱 그 가치가 빛을 발할 것이다. 더불어 상대방과 더욱 깊고 의미 있는 관계를 설계하고 조율하는 데 필요한 통찰을 얻기를 희망한다.

불안의존형 애착 모델

　불안의존형 애착은 모델명 그대로 애착 관계에 있어서 불안을 잘 느끼고 이에 대한 방어기제로써 상대방에게 의존적인 행태를 보이는 것을 의미한다. 이러한 유형을 가진 사람들은 대인관계에서 쉽게 불안감을 느끼고, 상대방의 애정과 관심을 지속적으로 확인하려는 경향이 있다. 이들은 타인에게 끊임없이 사랑받고 있다는 확신을 받고 싶어 하며, 스스로의 가치를 상대방의 반응에 의해 규정한다.

　이를 보통 자기 부정과 타인 긍정이라고 하는데, 타인 긍정이란 자신의 가치를 타인의 긍정적인 피드백에서 주로 느끼는 것이며, 자기 부정이란 스스로 부정적인 피드백을 하는 등 스스로의 가치를 자기 자신에 대한 긍정적 평가로부터 찾지 않으려는 성질을 의미한다. 타인의 긍정적인 피드백을 통해서만 자신의 존재를 가치 있게 느끼는 행위는 인간관계를 불안정하게 만들며, 결국 대인관계에서 어려움을 겪을 가능성이 높아진다.

　불안의존형 애착을 가진 사람들은 자주 상대방이 자신을 떠나거나 자신에게 실망할 것이라는 두려움을 느끼며, 관계에서 지속적으로 안심 받기를 원한다. 이들은 관계에서 작은 변화에도 민감하게 반응하며, 상대방의 애정 표현이 줄어들거나 무관심한 태도를 보일 때 극도로 불안해하고 그 원인을 자신에게서 찾으려 한다.

결국 이러한 불안애착은 개인이 타인에게 애정을 확인받고 관계가 지속되기를 바라는 과정에서 일반적인 수준보다 더 많이 그리고 더 자주 불안을 느끼는 것에서부터 시작한다. 불안을 느끼다 보니 상대가 자신을 떠나거나 거부하게 될 가능성에 대한 두려움을 품게 되어버리고 종래에는 관계의 안정성에 대한 의심으로부터 스스로 빠져나오기 어려워지는 방향으로 흘러가기도 한다.

불안의존형 애착 수준이 높다면 가까운 관계에서 지나치게 민감하게 반응하며, 상대방의 작은 행동 변화에도 불안감을 느끼게 된다. 특히 연인 관계에서 이들은 상대방이 자신에게 얼마나 관심을 보이는지, 자신을 떠나지는 않을지에 대한 지속적인 확인이 필요하다. 이는 주기적인 확인과 안정감을 요구하는 행동으로 나타나기도 하며, 불안의존형 애착이 심할 경우 집착적이거나 의존적인 행동을 동반할 수 있다. 이처럼 불안의존형 애착은 대인관계에서 반복되는 불안을 야기하며, 자신과 상대방 모두에게 부정적인 영향을 미칠 수 있다.

불안의존형 애착 맞춤형 전략

불안의존형 애착을 관리하고 극복하기 위한 해킹 전략은 먼저 자신의 불안을 똑바로 직시하는 것에서부터 시작한다. 더불어 솔직하고 정확하게 나의 감정과 의사를 밝히는 것이 중요하다. 그리고 그 말을 들은 상대의 의견과 감정을 확인함으로써 모든 것을 지나치게 개인적으로 판단하는 우를 범하지 않을 수 있다. 더 나아가 건강한 자기 관리를 통해 자기 효능감과 통제 효능감을 끌어올리고, 이를 통해 자기 부정을 완화하고 타인 긍정에 의존하는 본능을 해킹할 수 있다.

● 불안의존형 애착의 객관적 인식

모든 인간은 당연히 불안이라는 상태를 느낄 수밖에 없다. 그래서 현재 본인이 느끼고 있는 것이 불안애착형 성향인지 아니면 그저 누구라도 이렇게 느낄만한 당연한 감정인지를 확인해야 한다. 이를 위해 가장 효과적인 방법은 신뢰할 수 있는 심리검사를 활용하는 것이다. 내가 비록 불안한 마음을 느끼고 있다고 할지라도 그것이 과도한 것인지 혹은 자연스러운 것인지를 객관적으로 바라보기 위해서는 전문적이고 객관적인 도구가 필요하다.

예컨대 연인 관계에서 상대방이 자신을 좋아하지 않을지도 모른다는 불안함을 자주 느끼는 경우를 떠올려 보자. 과연 그 불안을 유발하는 원인이 객관적으로 보았을 때 누구라도 그렇게 느낄 정도인지 혹은 그렇지 않은지를 두고 판단해 볼 수 있다. 가령, 각자 근무 시간에 메신저로 카톡이나 DM으로 대화를 잘하다가 답장이 조금이라도 늦으면 상대가 자신에게 마음이 식었을 가능성을 생각하며 불안을 느낀다거나, 평소 항상 다정했던 연인과 야근 후 데이트를 하는데 피곤해하면서 다소 집중하지 못하는 모습을 보이는 것을 보고 불안을 느끼는 경우가 있다. 이러한 경우는 사실 상대가 나를 더 이상 좋아하지 않아서 발생했다고 볼만한 상황은 아니다. 꾸준하게 무관심을 표현하지도 않았으며, 대화 역시 잘 진행되었기 때문이다. 그럼에도 불구하고 불안을 느꼈다면, 이는 스스로 불안의존형 애착 성향이 있다고 의심해 볼 수 있다.

이러한 불안의존형 애착은 사소한 사건에도 크게 영향을 미친다. 상대방이 안정형이고, 대외활동이 많지 않으며 동시에 애정 표현을 꾸준히 잘해준다면 모를까, 그렇지 않다면 연인과의 관계에서 불안한 느낌을 경험하게 될 확률이 높다. 특히 상대방을 더 좋아하고 사랑할수록 그러하다. 상대방이 갑자기 연락을 자주 하지 않거나 바쁘다는 이유로 만남이 줄어들 때마다 무언가 조금씩 거절당하는 부정적인 기분에 휩싸이며, 이러한 불안을 해소하기 위해 반복적으로 상대방에게 애정을 확인하려는 행동을 보인다. 비록 상대방이 그럴 수밖에 없는 객관적인 상황이 머리로는 이해가 될지라도 불안을 다스리는 데 큰 도움이 되질 않는다.

자신의 불안이 어디서 비롯되는지 인식하는 것은 불안의존형 애착을 관리하는 데 중요한 첫걸음이다. 예를 들어, 연인과의 갈등에서 불안을 느낄 때 그 감정이 현재 상황이 아닌 과거 경험에서 비롯된 것임을 인식하면 불안을 더 효과적으로 다룰 수 있다. 신뢰할 수 있는 심리검사를 통한 객관적인 자기 인식을 바탕으로 현재 느끼고 있는 불안한 감정이 과연 무엇으로부터 발생했는지를 깨닫는 것은 감정의 과도한 반응을 줄이고 현실적으로 대처하는 데 도움이 된다.

● 솔직하고 정확한 의사소통

불안의존형 애착을 가진 사람들은 자신의 감정을 제대로 표현하지 못하는 경우가 많다. 또한, 상대방의 감정 역시 지나치게 주관적으로 억측하는 경우도 많다. 실제로 이렇게 오해되고 억제된 감정은 불안을 강화한다. 대인관계에서 자신이 느끼는 감정을 상대방에게 솔직하게 전달하는 것은 사실 불안의존성이 높은 사람에게 그리 쉬운 일은 아니다. 이 마음을 솔직하게 표현했을 때 버림받을 수도 있다는 막연한 두려움 때문이다. 그러나 막상 그 마음을 솔직하게 표현한다면, 스스로 느낀 불안의 거의 대부분은 그저 내가 만들어 낸 상상에 불과하다는 것을 깨닫는다. 이러한 용기는 불안을 완화하는 가장 강력한 마중물이 된다.

예를 들어, 연인과의 관계에서 사소한 서운함 때문에 불안한 감정이 생길 때 그 감정을 참고 억누르면, 나중에는 스스로를 피해자로 만드는 나쁜 재료가 될 수 있다. 만약 상대방에게 솔직하게 표현했다면 그 즉시 오해가 종식되거나, 상대방으로 하여금 나의 불안의존 성향을 인식하게 만들어 더 세심한 애정 표현을 해야겠다고 판단하는 계기를 제공했을 것이다. 이 과정에서 상대방의 즉각적인 피드백을 얻고, 자신의 불안이 과도하지 않다는 것을 확인하게 되면 불안을 충분히 통제할 수 있다. 감정을 제대로 소통하는 것은 관계의 신뢰를 높이며, 장기적으로 불안의존형 애착을 개선하는 데 긍정적인 영향을 미친다.

● **자기 관리와 독립성 강화**

불안의존형 애착 수준이 높은 사람들은 인간관계에 의존하고 얽매이는 성향이 강하기 때문에 그로 인해 스트레스를 받는 절대적인 시간을 줄일 필요가 있다. 특히 자기 자신만의 시간을 확보하고 독립성을 키우는 것은 이미 과학적으로 증명된 불안 완화 방법이다. 사람들은 관계에서 지나치게 상호 의존적인 경향이 있으며, 이는 자신만의 목표와 가치를 추구하는 데 어려움을 초래한다. 이를 극복하기 위해 상대방에게만 의존하지 않고 자기 스스로의 독립성을 유지할 필요가 있다. 예를 들어, 자신의 목표나 취미를 통해 관계 외에도 즐거움을 찾고 만족감을 느낄 수 있는 활동을 꾸준히 진행하는 것이 좋다.

건강한 다이어트와 근비대 및 심폐 운동은 신체 호르몬에 긍정적인 영향을 주고, 부가가치 창출을 위한 기술이나 사업 역량 개발은 자기 효능감에 굉장히 긍정적인 효과를 준다. 이 과정에서 숙련도가 상승하고 몰입도가 올라가면서 자기 존재에 대한 긍정적 자각이 유도되는 효과가 있다. 이와 같은 자기 관리 전략은 인간관계에서 상대방에게 과도하게 의존하지 않도록 돕는다. 또한, 관계에 대한 불안이 발생할 때 그 불안을 감정적으로만 대처하지 않고 더 이성적이고 차분하게 대처할 수 있는 여유를 만들어 준다.

회피독립형 애착 모델

회피독립형 애착은 모델명처럼 애착 관계에 있어서 거부감과 불편함을 쉽게 느끼고 이에 대한 방어기제로써 상대방으로부터 거리를 두거나 회피하려는 행태를 보이는 것을 의미한다. 이러한 유형을 가진 사람들은 타인과의 정서적인 친밀감을 부담스럽게 느끼며, 관계에서 과도하게 독립성을 확보하려는 경향이 있다. 이러한 유형을 가진 사람들은 친밀한 상황에서 자신을 보호하기 위해 감정적으로 거리를 두거나, 스스로를 고립시키는 방법을 선택한다. 회피독립형 애착이 강할수록 자신을 독립적이고 강한 존재로 인식하려고 하며, 타인의 도움이나 정서적 지원을 필요로 하는 상황을 피하고자 한다. 반대로 말하면, 타인에게 의존하는 행위는 곧 언제든 실망할 수 있거나 취약해질 수 있다는 무의식적인 공포로 다가올 수 있는데, 이러한 이유로 스스로 완전히 독립된 상태에 집착하게 된다.

회피독립형 애착을 가진 사람들은 연인 관계에서도 자신의 감정을 필요 이상으로 드러내지 않음으로써 자신을 보호하려는 경향이 있다. 또한, 자신이 약해 보이거나 정서적으로 의존적인 모습을 보이는 것에 거부감을 갖는다. 이들은 애인에게 의존하는 것을 두려워하고,

자신의 문제를 스스로 해결하려고 한다. 따라서 관계에서의 지나친 감정적 교류나 의존은 이들에게 큰 부담이 될 수 있으며, 그러한 상황을 피하기 위해 다양한 전략을 사용한다.

이들은 스스로를 자립적인 존재로 인식하고, 타인에게 도움을 요청하는 것을 피하려 한다. 이러한 성향은 자신을 강하고 독립적인 사람으로 유지하기 위한 방어기제에서 비롯된다. 예를 들어, 내 방에서 전등을 교체할 때, 회피독립형 애착을 가진 사람은 부모님이나 형제자매에게 도움을 요청하기보다는 스스로 문제를 해결하려고 한다. 이 과정에서 뭔가 일이 쉽게 풀리지 않더라도, 타인에게 의존하지 않는 것이 이들에게는 더 중요한 문제일 수 있다.

이러한 독립적인 성향은 자신과 가까워지고 싶거나 애착적인 반응을 요구하는 주변 사람들로부터 오해를 살 수 있다. 왜냐하면, 다가가는 사람은 자신의 취약한 모습이나 감정들을 표현하는 데 반해, 막상 회피독립성이 높은 사람들은 그렇지 않기 때문이다. 이들은 정서적으로 가까운 관계에서도 자신의 내면을 잘 드러내지 않으며, 감정을 억누르거나 무시하는 경향이 있다. 예를 들어, 연인이나 가까운 친구가 감정적인 지지를 필요로 할 때, 회피독립형 애착을 가진 사람은 적절한 정서적 반응을 보여주지 못하고, 오히려 그 상황에서 벗어나려고 할 수 있다. 이들은 상대방에게 공감을 표현하는 대신, 뭔가 상투적이고 일반론적인 조언을 제공함으로써 정서적인 부담을 회피하려 한다.

더 나아가 이들은 관계에서 상처받는 것을 피하기 위해 스스로를 보호하려는 행동을 보인다. 이러한 자기방어적 행동은 타인과의 관계에서 지나치게 독립적이거나 고립적인 모습을 보이게 만든다. 가령, 누군가가 가까워지려 할 때, 회피독립형 애착을 가진 사람은 그 관계의 진전을 막기 위해 의도적으로 바쁜 척을 하거나, 상대방과의 만남을 피하려는 행동을 보일 수 있다. 이러한 행동은 결국 타인과의 친밀한 관계 형성을 방해하게 된다.

회피독립형 애착 모델 맞춤형 전략

회피독립형 애착을 관리하고 극복하기 위한 해킹 전략은 먼저 자신의 회피 성향을 똑바로 직시하는 것에서부터 출발한다. 더불어 개인적인 시간과 공간을 제공함으로써 스스로 편안한 상태에서 감정들을 직시하고 관리할 수 있는 환경을 제공하는 것이 좋다. 더 나아가 상투적인 정서적 지지보다는 실용적이고 실질적인 도움을 제공함으로써 서로에게 필요하다는 관계의 효용감을 끌어올리고, 이를 통해 과도한 자기 긍정을 완화하고 타인 부정에 노출되지 않도록 예방할 수 있다.

● 회피독립형 애착의 객관적 인식

해당 이론에 따르면 회피독립형 애착이 일반적인 수준보다 높은 사람들은 전체 인구의 약 20% 정도로 추정된다. 그 수가 적지 않기 때문에 생각보다 회피독립형의 사람들은 자기 스스로 이러한 애착적 특징이 있다고 생각하지 못하는 경우가 많다. 스스로를 단순히 내성적이라거나 멜랑콜리한 것을 싫어하는 것처럼 오해하기도 하며, 타인은 원래 나를 부담스럽게 만드는 존재이며 애정 집착 성향이 있다는 것으로 치부하곤 한다. 그러나 스스로의 상태를 인식하지 못하면 개선도, 해킹도 불가하다. 내가 비록 종종 거부적이고 회피적인 사람이라고 생각이 들더라도 그것이 과연 단순히 독립적인 사람일 뿐인지 혹은 정말 회피독립형 애착이 강한지 그 여부를 객관적으로 바라보기 위해서는 전문적이고 객관적인 솔루션이 필요하다.

예컨대 대인관계에서 상대방이 너무 부담스럽다는 생각을 자주 느끼는 경우를 떠올려 보자. 과연 그 부담스러움을 유발하는 원인이 객관적으로 보았을 때 누구라도 그렇게 느낄 정도인지 혹은 그렇지 않은지를 두고 판단해 볼 수 있다. 가령, 직장 동료나 학교 친구가 뭔가 필요 이상으로 나와의 깊은 소통을 원한다거나, 썸을 타던 이성이 어느 순간 부담스럽다고 느끼는 경우가 발생할 수도 있다. 이 상황에서 단순히 상대가 정말 너무 눈치 없고 무례하게 다가왔기 때문에 느낀 거부감인지, 혹은 상대는 충분히 일반적인 범주에서 행동했지만 본인이 유별난 것인지를 명확히 구분하는 것은 결코 쉬운 일은 아니다.

회피독립형 애착은 별로 중요하지 않은 가벼운 인간관계에서도 부담을 느끼고 타인에게서 멀어지려는 방어기제가 올라오게 만든다. 그래서 특히 연인 관계에서 종종 어려움을 겪을 수 있다. 상대방이 안정형이면서 대외활동이 많아 바쁘다면 모를까, 그렇지 않고 불안 애착 성향이 강하다면 그 관계에서 불편한 느낌을 경험하게 될 확률이 높다. 특히 상대방이 나를 사랑하는 마음이 더 클수록 그러하다.

이러한 상황에서 타인만을 탓하는 것은 그리 좋은 방법은 아니다. 왜냐하면, 타인은 내가 직접 통제할 수 없는 대상이기 때문에 문제의 해결은 결국 관계의 단절로만 가능하기 때문이다. 결국, 자신의 불편함이 어디서 비롯되는지 인식하는 것은 회피독립형 애착을 관리하는데 중요한 첫걸음이다. 예를 들어, 연인과의 갈등에서 거부감과 불편함을 느낄 때 그 감정이 본인의 회피 성향 때문인지를 인식하고 있다면 상대방과의 관계를 더 안정적으로 유지하고 관리하기 편해진다. 신뢰할 수 있는 심리검사를 통한 객관적 자기 인식을 바탕으로, 현재 느끼고 있는 거부적인 감정이 과연 무엇으로부터 발생했는지를 깨닫는 것은 극단적인 관계 단절을 줄이고 건강한 인간관계를 맺는 데 도움이 된다.

● 개인 시간과 공간의 보장

회피독립적인 사람들은 자신만의 공간과 자율성을 매우 중요하게 생각한다. 따라서 이들과의 관계에서 중요한 것은 그들에게 충분한 시간과 공간을 보장하는 것이다. 갈등이 발생했을 때 그 자리에서 즉시 그 문제를 종결짓기를 요구한다거나 즉시 충분한 반응을 강요하는 것은 좋지 못하다. 이들은 대상이 가족이나 연인일지라도 종종 거리를 둘 수 있어야 스스로 안정화될 수 있기 때문이다. 예를 들어, 이들이 혼자 시간을 보내고 싶어 할 때 그들의 결정을 존중하고, 무리하게 함께하려 하지 않는 것이 좋다. 이는 그들이 관계에서 부담을 느끼지 않도록 도와주며, 스스로 통제할 수 있다는 느낌을 주어 장기적으로 정서적 안정감을 유지할 수 있게 된다.

● 과도한 정서적 반응 요구 금지

회피독립형 애착을 가진 사람들은 정서적인 요구를 강요받을 때 큰 부담을 느끼게 된다. 따라서 이들과의 관계에서 정서적인 반응이나 친밀감을 강요하지 않는 것이 좋다. 특히 부모와 자식 혹은 스승과 제자처럼 수직적이고 권위적인 관계에서 특히 자주 발생하는데, 정서적인 피드백을 강요하는 것은 오히려 관계로부터 진심으로 멀어지게 만드는 부작용을 야기한다. 그러므로 이들이 스스로 편안함을 느끼고 준비가 되었을 때 정서적 대화를 시도하는 것이 좋다. 예를 들어, 감정적인 문제를 논의할 필요가 있을 때, 당장 원하는 반응을 보여야 한다는 압박보다는 "언제든지 준비되면 그때 이야기해도 괜찮아."라는 식으로 이들의 준비 상태를 존중하는 것이 효과적이다.

인간해킹

● 실용적인 도움 제공

회피독립형 애착을 가진 사람들은 타인에게 감정적이고 말뿐인 도움보다는 실용적이고 행동에 의한 도움을 받는 것에 더 큰 효용을 느낀다. 따라서 이들이 어려움을 겪을 때 정서적인 위로보다는 문제 해결에 집중한 실질적인 도움을 제공하는 것이 좋다. 예를 들어, 직장에서 스트레스를 받고 있을 때, 그들에게 "어떡해, 많이 힘들었겠다. 그래도 잘할 수 있을 거야!"와 같은 정서적이고 상투적인 도움은 그들에게 사실 크게 도움이 되진 못한다. 차라리, "이 문제를 함께 해결할 방법을 찾아보자."라고 제안함으로써 그들이 느끼는 부담을 줄이고, 실제로 도움이 되는 방향으로 지원할 수 있다.

혼란형 애착 모델

　혼란형 애착 유형은 타인 애착 유형에서 가장 소수의 사람에게서 나타나는 성향으로, 흔히 '혼란-회피형' 또는 '혼란-양가형'으로도 불린다. 혼란형 애착이 나타나는 사람들은 애착 대상과의 관계에서 모순적이고 복잡한 감정을 느끼는 경우가 많다. 그리 흔한 경우는 아니기 때문에 스스로 그저 남들보다 변덕이 심하다거나 조금 까다로울 뿐이라고 치부할 가능성이 높다. 그러나 스스로의 상태를 제대로 파악해야만 이를 해킹할 수 있다는 점을 간과해선 안 된다. 애착을 강하게 원하면서도 동시에 거부감과 불편함에 휩싸이는 경우, 이것이 과연 특수한 상황에서의 일시적인 경험인지 혹은 대부분의 상황에서 나타나는 본인만의 고유한 성향인지를 판단할 필요가 있다. 물론 이를 위해서는 역시 과학적이고 체계적인 심리검사가 필요하다.

　혼란형 애착을 가진 사람들은 친밀감에 대한 욕구와 동시에 두려움을 느끼는 경향이 있다. 관계를 맺고 싶은 욕망과 타인에게 받을 거부나 상처에 대한 두려움이 동시에 존재하기 때문이다. 이들은 가까워지고 싶으면서도 동시에 상대방의 거부나 공격을 예상하며 스스로를 방어하는 태도를 취한다. 이 모순적인 태도로 인해 혼란형 애착 유형을 가진 사람들은 안정적인 인간관계를 유지하는 데 어려움을 겪는다. 또한 이 과정에서 급변하는 자신의 감정을 조절하는 데도 많은 스트레스를 받는다.

이는 앞서 언급된 불안의존형 애착과 회피독립형 애착이 동시에 나타나는 것으로, 언뜻 보면 서로 반대되는 성향이라 동시에 발현되는 것이 어려워 보이지만 실제로 소수의 사람들은 이러한 경향을 보인다. 예를 들면, 모순적인 행동으로써, 상대방에게 애정을 표현하고 가까워지려는 행동을 하다가도 갑자기 거리를 두거나, 의심과 불안에 사로잡혀 상반된 행동을 보이는 경우가 있다. 이 때문에 상대방은 이들의 행동을 이해하기 어려워하며 혼란을 경험한다.

또, 인간관계에서 갑자기 강한 불안감을 느낄 수 있다. 굉장히 사소한 계기로 상대방이 자신을 떠나거나 거부할 것이라는 강한 불안을 겪는 경우가 있는데, 이러한 불안감 때문에 때로는 지나치게 상대방에게 매달리거나, 반대로 감정적인 거리를 두는 방어기제를 보인다.

혼란형 애착은 자기 부정과 타인 긍정을 보이는 불안애착형과 자기 긍정과 타인 부정을 보이는 회피독립형 성향을 모두 가지고 있다. 그래서 자기 부정과 타인 부정을 동시에 보이는데, 스스로를 부정적으로 바라보는 동시에, 타인에 대해 신뢰를 쉽게 갖지 못한다. 이는 '나는 사랑받을 가치가 없다'라는 생각과 '다른 사람들도 신뢰할 수 없다'는 2가지 부정적인 신념을 동시에 지니게 된다. 특히, 만약 정서민 감도까지 높은 상황이라면 이 문제는 단순한 어려움을 넘어 정상적인 인간관계를 형성하는 것조차 어렵게 만든다.

혼란형 애착 모델 맞춤형 전략

혼란형 애착은 앞서 언급된 애착의존형과 회피독립형 애착에서 나타나는 성향을 모두 가지고 있어 이를 극복하거나 해킹하는 것이 매우 제한적이다. 심리적인 문제를 해킹하는 가장 기본적인 시작은 먼저 자신의 감정을 똑바로 직시하는 것에서부터 출발한다. 비교적 쉬운 방법으로는 주기적인 일기나 기록을 통해 자신의 상태를 객관적으로 볼 수 있는 계기를 마련하는 것이다. 만약 혼란형인 사람을 상대해야 한다면 일관된 태도와 패턴을 유지함으로써 상대방에게 예측 가능하다는 신호를 보내는 것도 좋은 방법이다.

● 감정 인식 및 기록

혼란형 애착을 극복하기 위해서는 먼저 자신의 감정을 인식하고 이를 수용하는 것이 중요하다. 모순적인 감정이 나타날 때, 이를 부정하거나 억누르기보다는 스스로 그 감정을 인지하고 이해하려는 노력이 필요하다. 예를 들어, 상대방에게 가까워지고 싶은 동시에 두려움을 느낀다면, 그 감정이 어디서 비롯되었는지 차분히 되돌아보는 것이다. 과거로부터 반복된 경험과 관련지어 생각하는 계기를 마련하고, 현재의 시점으로 다시 재해석할 기회가 생기는 것만으로도 큰 도움이 될 수 있다.

그러나 돌아보고 인식하는 것만으로는 충분하지 못하다. 왜냐하면, 혼란형이 겪는 문제들은 단순히 아는 것만으로는 쉽게 정리되지 않기 때문이다. 그래서 감정을 인식하는 과정에서 기록을 남기거나 정기적으로 일기를 쓰는 방법이 있다. 더불어 익명으로 블로그 등에 글을 작성함으로써 제3자의 눈으로 자신의 상태가 어떻게 비추어지는지 점검해 보는 것을 시도할 수도 있다.

● **일관된 태도**

혼란형 애착 유형을 가진 사람을 해킹할 때는 일관된 태도를 유지하는 것이 도움이 된다. 이들은 타인의 예측 불가능한 행동에 매우 민감하기 때문에, 가능한 한 일관된 행동과 반응을 보이는 것이 필요하다. 예를 들어, 상대가 지속적으로 본인을 서운하게 만든다면, 항상 비슷한, 그리고 일관된 방식으로 반응하는 것이다. 이는 상대방으로 하여금 예측 가능하다는 믿음을 줄 수 있기 때문에, 스스로 감정을 억누르며 전전긍긍하지 않고 서로 더 솔직한 소통을 유도하는 좋은 방법이다.

이러한 태도는 궁극적으로 혼란형 인간에게 안정감을 줄 수 있다. 전체적인 과정에서 비록 이들의 감정이 이해가 되지 않거나 차분하게 반응하는 것이 어려울지라도, 그들의 감정을 존중하고, 그들이 느끼는 불안이나 두려움을 이해하려고 노력해야 한다. 그들이 불안감을 표현한다면 진지하게 받아들이며 공감하는 태도를 보이는 것이 필요하며, 불편함을 표현한다면 혼자만의 시간과 공간을 주며 보채지 않는 것이 좋다.

타인 애착 모델에 관한 유의사항

타인 애착 모델은 기본적으로 타인과의 애착적인 관계를 분석하는 데 활용되는 것이 가장 적절하다. 너무 1차원적이고 범용적인 관계에 적용하게 될 경우 자칫 동기에 의한 추론이나 확증편향을 불러일으킬 수 있다. 더불어 최근에는 해당 이론이 무조건 항상 옳지만은 않을 수 있다는 반증의 연구 사례도 종종 등장하고 있어서, 웬만하면 연인 관계나 부부 관계와 같은 깊은 관계에만 활용하는 것을 추천한다.

마지막으로, 이 책에서는 안정형 애착을 다루지는 않는다. 다음 장에서 이어지는 다른 심리분석 시스템을 활용하는 방법으로 접근하는 것이 더 유효하다는 판단에 따라 안정형 애착에 대해서는 별도의 해킹 전략을 서술하지 않았다는 점을 밝힌다.

CHAPTER 5

외향성
심리 모델

외향성 심리 모델

『인간해킹』의 다섯 번째 챕터 외향성 심리 모델은 일반적으로 알려진 '외향성'을 중심으로 한 6개의 심리 모델을 다룬다. 외향성은 인간의 다양한 심리적 특성과 행동 양식을 설명하는 가장 핵심적인 요소다. 외향성이 높은 사람은 타인과의 상호작용을 통해 에너지를 얻고, 활발하게 사회적 활동에 참여하는 성향을 의미한다. 또한, 다른 사람들과의 상호작용에서 즐거움을 느끼고, 활기찬 경향을 보인다. 내향성과 비교하면, 그들은 새로운 경험을 추구하고, 변화를 더 쉽게 수용한다. 외향성은 단순한 사교적 성향을 넘어, 직업 선택부터 정신병리학적인 특정 양상을 설명할 수 있는 다양한 심리적 근거와 동기 부여 요소를 포함하고 있다.

외향성의 특징으로는 적극성, 표현지향성, 높은 사회적 활동성, 적극적인 의사소통, 행동지향성, 활력적 태도 등이 있고, 이들은 대체로 외부 세계와의 상호작용을 통해 동기 부여나 영감을 얻는다. 외향성의 장점은 명확하다. 사회적 상황에서 더 쉽게 접근이 가능하다는 점, 불안정한 상황에서의 유연함, 더 높은 역동성 등이 이에 해당한다. 이러한 장점들은 외향적인 사람들이 직장에서의 팀 활동이나 리더십 역할을 수행할 때 강력한 무기로 작용한다. 물론, 외향성에도 단점이 여럿 존재한다. 예를 들어, 지나치게 충동적이거나 상황을 충분히 숙고하지 않고 행동하는 경향, 또는 타인과의 상호작용에서 과도한 에너지를 소모하는 것 등이 있다.

제2차 세계대전부터 현대에 이르기까지 외향성에 관한 많은 연구에 대한 다양한 메타분석 결과에 따르면 외향적인 사람들은 스트레스에 대한 저항력이 높고, 정신적으로 더 건강한 삶을 살 가능성이 높다. 예를 들어, 외향적인 사람들은 사회적 지원 네트워크를 잘 형성하여 스트레스 상황에서도 더 안정적으로 버틸 수 있다거나 혹은 더 쉽게 빠져나올 수 있다는 연구결과는 많다. 이는 우울증 등의 정신적 문제를 예방하기 위한 방법론을 연구할 때도 참고할 만하다. 정신분석적인 관점에서 보면, 외향적인 사람들은 자신의 욕구를 외부 세계에 투사하고, 이를 통해 자신의 정체성을 확립하고자 하는 경향이 있다. 이러한 점에서 외향성은 자아실현과 사회적 역할 수행에서 중요한 요소로 여겨진다.

외향성은 사회적 성취나 직업 선택에서도 중요한 영향을 미친다. 외향적인 사람들은 대체로 사람들과의 상호작용을 굳이 거부하거나 꺼려 하지 않기 때문에, 영업, 마케팅, 홍보뿐만 아니라 각 조직에서 회의나 의사결정을 주도하는 역할을 맡는 것을 의도적으로 피하려 들지는 않는다. 이러한 이유로 자연스럽게 외향적인 성향을 가진 사람들이 이러한 포지션에서 비교적 더 많은 비중을 차지한다. 이들은 팀 활동에서 더 많은 에너지를 쏟고, 이러한 경험을 토대로 자연스럽게 리더십을 발휘하게 된다. 반면, 외향적인 성향은 혼자서 장시간 집중해야 하는 직업에는 잘 맞지 않을 수 있다. 이들은 사람들과의 상호작용이 제한된 환경에서 쉽게 고립감과 지루함을 느끼고, 나태해지고 무기력해지는 것을 경험할 수 있기 때문이다.

이 챕터에서 다룰 여섯 가지 모델은 외향성을 토대로 한 6가지 형태의 성향을 대표한다. 물론 이 성향들은 챕터1부터 챕터4까지의 다양한 심리요소와 독립적으로 작용하는 것을 전제로 하였으며, 교차분석을 통한 심리적 통찰을 위해 고안되었다. 이 6가지 모델은 외향성이 단순히 사람을 좋아하고 술자리를 선호한다는 편견을 깨는 데도움이 될 것으로 기대한다.

변화 추구자

외향성 심리 모델 중 첫 번째로 **변화를 추구하는 성향**을 꼽을 수 있다. 이들은 새로운 일이나 사건이 발생하면 이를 새로운 자극으로 받아들인다. 외향적인 에너지는 개방성과 결합하여 눈에 보이지 않는 것들에 대한 기대와 호기심으로 투사되어 겉으로 표현된다. 그래서 호기심이 많고 새로운 발견에 대해 관심을 가지고 있다.

다양한 관심사를 가지고 있다는 것은 본질적으로 전에는 몰랐던 새로운 것에 대한 열린 태도를 의미한다. 무언가 새로운 것을 배우거나 깨닫는 과정에서 흥미를 느끼거나 이를 탐구하고 싶은 강력한 동기를 얻는다. 그래서 다른 사람들과 비교하여 본인의 직업이나 전공과는 전혀 다른 분야에 대해 파고들거나 그것으로 사업을 벌이는 등의 광폭적인 행보가 나타나기도 한다.

이들은 에너지 레벨이 높으면서도 호기심이 많기 때문에, 전통적이고 현실적인 아이디어보다는 더 독창적이고 지적인 아이디어에서 부가가치를 느낀다. 그래서 아무도 관심을 주지 않는 현상으로부터 독특하고 다양한 패턴을 발견하거나 독창적인 아이디어를 떠올릴 때가 많다.

그래서 이처럼 강한 호기심과 특유의 외향성을 지닌 사람들은 대개 모험적이다. 뭔가 새로운 장소로 떠나는 물리적인 모험뿐만 아니라, 완전히 새로운 분야에 대한 공부, 새로운 직장에서의 근무 등 다양한 형태로 모험심을 자극하는 활동에 열정적으로 몰입한다. 항상 새로운 것을 기대하고 또 원하기 때문에 과거나 현재보다는 미래에 더 관심이 많다. 왜냐하면, 새로운 것은 반드시 미래에서만 발견할 수 있기 때문이다. 같은 맥락에서, 변화를 추구하는 이들은 과거보다는 현재를, 현재보다는 미래를 더 가치 있게 생각한다. 그래서 물건을 구입할 때도 더 오랫동안 혹은 더 다양한 분야에서 쓰임새가 있는지 여부에 따라 그 가치를 매우 높게 느끼거나 혹은 극단적으로 낮게 평가하는 모습이 나타난다.

　이러한 미래 지향적인 가치판단 성향은 미래에 더 발전적이고 낙천적인 변화를 원하는 심리로 이어진다. 그래서 사람, 사회, 직업, 인생 등에서 미래의 가치를 추구한다. 사람마다 조금씩 다르지만, 기본적으로, 더 직관적이고 비전적인 형태의 꿈을 꾸며, 이를 향해 나아가는 그 모습을 상상함으로써 에너지를 얻기도 한다. 또한, 미래를 위해 조용하고 신중하게 접근하기보다는 특별한 계기로 인해 열정적으로 시도하는 경우가 많다. 특유의 외향성과 역동성이 지적 호기심과 미래에 대한 긍정적인 태도와 어우러져 발생하는 현상이다. 실제로 호기심과 가능성만 있으면 행동으로 옮길 확률이 높다. 이러한 성향을 가진 사람들은 갑자기 직업을 바꾼다거나, 창업을 시도할 확률이 높다.

변화 추구자 맞춤형 전략

● 새로운 경험과 자극 유도

변화 추구자 성향은 기본적으로 새로운 정보와 지식을 탐구함으로써 자극을 충족시킨다. 그리고 이러한 자극을 토대로 새로운 영감과 아이디어를 떠올리고, 이것을 바탕으로 꿈을 꾸고 새로운 도전의 원동력을 얻는다. 그래서 이들을 해킹하기 위해서는 새로운 경험과 자극에 도전하게 만드는 것이 좋다. 예컨대 데이트와 관련된 전략으로는 새로운 장소로의 여행이나 색다른 참신한 아이템들을 쇼핑하는 것을 선호할 가능성이 높다. 굳이 구매하지 않는다고 해도, 직접 보고 듣고 느끼며 영감과 아이디어를 얻는 경험을 유도함으로써 그들이 더 효능감과 만족감을 느끼게 할 수 있다.

협업을 해야 한다면 새로운 프로젝트를 추천해 달라고 제안한다거나 혹은 직접 추진하는 것을 맡기는 것도 좋다. 새로운 프로젝트를 제안하거나 새로운 아이디어를 함께 논의하자는 제안은 이들로 하여금 반복되는 업무에서 상실했던 에너지를 끌어올리는 계기로 작용할 수 있다. 변화를 두려워하지 않는 성향을 활용해 도전적인 목표나 혁신적인 아이디어를 제안하는 것도, 스스로 동기 부여를 느끼고 적극적으로 행동하게 만드는 데 도움이 된다.

● 자율성 부여

변화 추구자들은 자신의 방식대로 자유롭게 일을 추진하는 것을 선호하며, 제약이나 규칙에 얽매이는 것을 그다지 선호하지 않는 경향을 보인다. 그래서 이들을 해킹하기 위해서는 자율성을 최대한 보장해 주는 것이 효과적이다. 그들에게 일정 수준의 자유와 권한을 부여한다면, 주인의식을 가지고 스스로 결정을 내리게 된다. 이러한 환경은 이들에게 더욱 열정적으로 행동하고, 창의적인 아이디어를 실현할 동기를 제공한다. 또, 그들의 의견을 존중하고 독립적인 결정을 지지해 주면, 그들은 더욱더 적극적으로 나서서 문제를 해결하고 목표를 달성하려 할 것이다.

실용 추구자

외향성 심리 모델 중 두 번째는 **실용을 추구하는 성향**을 꼽을 수 있다. 이들은 현실적이고 실용적인 접근 방식을 선호하며, 현재의 상황에서 가능한 최선의 방법을 찾아 행동에 옮기려 한다. 이들은 실용적인 목표를 설정하고 이를 달성하기 위해 적극적으로 행동하는 것을 중요하게 생각한다. 또한, 일상생활에서 현실적인 문제 해결을 통해 성취감을 느끼며, 구체적인 결과물을 만들어 내는 것을 좋아한다. 이러한 사람들은 대체로 현재의 순간에 집중하고, 직접적인 경험을 통해 배우는 것을 선호한다. 이들은 새로운 정보를 받아들일 때 이론보다는 실질적인 예시나 사례를 더 잘 이해하고, 이를 통해 행동을 계획한다.

다만, 외향성 특유의 행동 지향적인 태도와 실용적인 가치의 선호는 검증되지 않은 가설이나 아이디어에 대해서는 회의적인 태도로 나타난다. 그럴듯하지 않거나 현실적으로 가능하다고 생각이 되지 않는 목표에는 웬만하면 동요하지 않는다. 너무 뜬구름 잡거나 관념적인 것들보다는 실제로 확인이 가능한 것들에 초점을 맞추며, 직접 경험했거나 실제로 검증된 사례를 중요한 근거로 여기는 경향이 강하다.

같은 맥락에서, 학벌이나 자격증 혹은 구체적인 숫자나 뉴스 기사 등 실제로 체감이 쉬운 스펙을 중심으로 가치를 판단한다. 때에 따라 직간접적인 경험을 통해 체감된 가치를 더 중요하게 여기곤 한다. 이러한 경우는 확실하게 체감되는 변화와 자극에 훨씬 민감하게 반응하는 특징으로 인해 나타나는 현상이다. 그래서 처음 직면하는 문제에 대해 참고할 만한 실질적인 참고 자료가 충분하지 않다면, 통찰력을 발휘하는 데 어려움을 겪는다.

실용 추구자 맞춤형 전략

● 적극적인 액션과 실질적인 도움 제공

실용 추구자들은 일단 일이 시작되면 바로 실행에 옮기는 것을 선호한다. 그래서 말로만 도움을 주거나, 옆에서 훈수만 두는 행위에 대해 부정적이다. 소위 빈 수레가 요란하다거나 입만 살았다는 불만을 가장 쉽게 토로할 수 있는 성향이다. 그래서 이들에겐 구체적인 피드백과 실질적인 도움이 필요하다. 이들에게는 모호한 조언보다는 구체적인 방법과 실행 가능한 계획을 제안하는 것이 훨씬 효과적이다. 특히 설득 과정에서는 손쉽게 찾을 수 있는 권위나 최소한의 검증 결과를 함께 제시하면 보다 긍정적인 반응을 유도할 수 있다.

이들을 해킹하기 위해서는 그들이 목표를 달성할 수 있도록 실질적인 자료나 자원을 제공하고, 단계별로 명확한 피드백을 주는 것이 중요하다. 이는 실제로 매우 실용적인 방법으로, 가장 빠르게 그 변화나 도움이 체감될 수 있도록 하는 것이 해킹의 본질적 목표이다. 예를 들어, 그들이 프로젝트를 진행하는 동안 각 단계마다 필요한 자원을 제공하고, 진행 상황에 대해 체감될 수 있는 실리적인 피드백을 주는 것이다.

● 적극적인 의사소통

실용 추구자들은 외향성에 기반한 성향답게 답답한 것을 참기 어려워한다. 특히 질문을 했는데 답이 느리다거나, 혹은 생각할 시간이 필요하다는 취지의 답변에 대해 생각보다 인내심이 없다. 이들은 애초에 일이 시작되면 바로 실행에 옮기며 '내가 일을 하고 있구나' 하는 체감을 선호하기 때문에, 의사소통에 있어서도 소위 '핑 하면, 퐁 하는' 템포 속에서 대화가 잘 통한다고 느끼기 때문이다. 그래서 의사소통에 있어서 회피하려 든다거나, 답을 피한다거나, 책임을 회피하는 등의 행위는 이들에게 나쁜 인상을 주기에 좋다. 반대로 말하면, 적극적으로 소통하고 피드백하는 행위는 긍정적인 인상을 심는 데 매우 효과적이다.

사교적 협력

사교적 협력 성향을 가진 사람들은 타인과의 조화롭고 협력적인 관계를 형성하며 일을 추진해 나가길 선호한다. 이들은 외향적이면서도 우호적이기 때문에, 타인의 기분이나 상태에 섬세하게 반응한다. 이 때문에 다른 사람의 표정이나 말투의 변화를 기민하게 감지하여 그 사람의 기분이나 상태에 즉각적으로 반응한다. 그래서 주변 사람들에게 공감을 잘해주고 리액션이 활발하다는 평을 받는 편이다.

이러한 성향 덕분에 이들은 다른 사람들과 쉽게 친해지고, 팀에서 협력적인 분위기를 조성하는 데 탁월한 능력을 발휘한다. 또한, 이들은 자신과 주변 사람들 모두의 행복과 만족을 중시하며, 공동체의 조화를 중요하게 생각한다. 그러나 분위기에 예민한 만큼 동시에 자신도 그 분위기에 잘 휩쓸리기도 한다. 이러한 성향의 사람들은 모임에서 주도적인 역할을 하는 경우가 많고, 문제 상황에서 적극적으로 중재하려는 본능이 강하다.

사교적 협력 성향이 강하면 대체로 사람들 사이의 긍정적인 관계를 유지하려 노력하며, 타인의 의견에 귀 기울이고 이를 존중한다. 이

인간해킹

과정에서 사람들의 다양한 성향과 가치관을 교류하게 되기 때문에, 동의할 수 없는 것에 대해서도 적당히 대응하고 넘어가는 소위 의사소통 테크닉이 발달하곤 한다. 비록 동의하지 않거나 이해가 되지 않더라도 흐름과 맥락에 따라 자연스럽게 반응한다. 그래서 때때로 영혼 없이 대답한다는 말을 듣는 경우가 있다.

발화량이 많고 주변 사람이나 상황에 관심이 많아 눈치가 빨라 집단에서 적응하는 데 어려움을 겪을 일이 크게 없다. 오히려, 지나치게 주변 사람들의 감정이나 복잡한 이해관계들을 의식하면서 스스로 중심을 잡지 못하고 갈등에 휩싸여 휘둘릴 수도 있다.

사교적 협력 성향을 가진 사람들은 정서적인 교류를 통해 친밀감을 형성하며, 자신이 속한 환경에서 인정받고자 하는 욕구가 강하다. 그러나 때로는 타인의 요구에 지나치게 맞추려 하거나, 자신의 의견보다는 다른 사람의 의견을 우선시함으로써 스트레스를 받을 수 있다. 이들은 감정적인 피드백에 민감하기 때문에, 칭찬과 인정이 동기 부여의 중요한 요소가 된다. 그들에게는 자신이 사회적으로 유용하고 가치 있는 존재로 인정받는 것이 매우 중요한데, 주변의 칭찬과 인정을 바탕으로 자기확신을 얻고, 더 열심히 일할 수 있는 동력을 얻게된다. 그래서 이들은 스트레스를 받고 불안정한 상황에 직면하면, 사람들과의 소통하고 도움을 요청함으로써 안정감을 찾으며, 이를 기반으로 도전적인 상황에서도 긍정적인 태도를 유지하려고 한다.

사교적 협력 맞춤형 전략

● 진심 어린 칭찬과 인정 제공

사교적 협력 성향을 가진 사람들은 특유의 외향성으로 인해 타인으로부터의 인정과 칭찬에 큰 동기 부여를 받는다. 이들을 해킹하려면 그들의 노력을 진심으로 인정하고, 구체적인 부분을 칭찬하는 것이 중요하다. 예를 들어, 단순히 "잘했어."라고 말하는 것보다 "네가 이번 프로젝트에서 팀원들을 배려하고 조율하는 모습이 정말 너무 고맙고 멋졌어."라고 구체적으로 칭찬하는 것이 더 효과적이다. 이렇게 구체적이고 진심 어린 칭찬을 받으면, 이들은 그저 겉치레가 아닌 진심 어린 칭찬으로 느끼게 된다.

● 긍정적인 평판 유도

더 나아가 이들은 실리를 포기하고 평판을 선택할 정도로 조직이나 집단에서의 평판에 매우 민감하다. 직접적인 칭찬과 인정도 좋지만, 이들이 가장 신경 쓰고 있는 사람들에게 이들을 칭찬한다면 그 효과는 이루 말할 수 없을 정도로 좋을 것이다. 이들은 소문을 통해 들린 자신에 대한 칭찬의 발원지를 궁금해하며, 칭찬을 한 사람을 알게 되었을 때 비로소 그들은 감동한다. 이러한 전략은 사교적 협력 성향의 사람을 해킹하는 데 가장 유효하다.

도전적 행동

도전적 행동 성향을 가진 사람들은 원하는 바를 위해 적극적으로 행동하고, 도전적인 상황을 즐긴다. 이들은 경쟁을 두려워하기보다는 오히려 즐기며, 그것을 통해 자신의 능력을 시험하고 성장을 추구한다고 믿는다. 이러한 성향 덕분에 이들은 도전적으로 행동하며, 일을 계획하고 실행하는 데 있어 빠르고 단호한 태도를 보인다. 도전적 행동 성향을 가진 사람들은 문제 해결을 위해 직면하는 어려움을 극복하는 데 큰 자부심을 느끼며, 결과를 통해 자신의 가치를 증명하고자 한다.

이들은 어떠한 가치를 판단할 때 객관적이고 논리적인 기준을 근거로 따져보는 비평적인 사고방식을 갖고 있다. 그래서 질문하길 좋아하고 토론과 논쟁을 피하지 않는다. 또한, 문제를 해결하기 위해 원인을 규명하거나 해결책을 찾아야 할 때 적극적인 모습을 보인다. 이러한 태도는 자신감 있어 보이기도 하지만, 가끔은 너무 도전적으로 보이기도 한다.

일반적으로 명확하고 객관적인 기준을 가지고 논의하길 선호하며 꼭 나설 필요가 없더라도 발언 기회가 생길 때만큼은 적극적으로 의견을 말한다. 그리고 일단 어떠한 방향이 정해지면 이를 주변에 공유하고 토론하는 것을 즐긴다. 전체적으로 자신감이 있어 보이고, 주변 사람들에게도 영향력을 미치는 리더십을 발휘하는 경향이 있다. 큰 보상이 없더라도 어느새 팀 내에서 주도적인 역할을 맡곤 하며, 목표 달성을 위해 필요한 것들을 명확하게 정리하고자 하는 본능이 강하다.

이들은 명확한 방향성과 구체적인 목표가 있을 때 가장 효율적으로 움직이며, 모호함을 싫어하고 결과를 중시하는 경향이 있다. 또한, 자신의 의견을 강하게 주장하며, 다른 사람들의 의견을 설득하거나 협상을 통해 자신의 뜻을 이루려는 본능이 강하다. 그러나 이러한 도전적 성향은 때로는 타인의 감정을 충분히 고려하지 못하거나, 지나치게 경쟁적인 태도를 보임으로써 갈등을 초래할 수 있다. 더 나아가 소극적이고 평화 지향적인 사람에게는 공격적으로 비춰질 수 있고 부담감과 불편함을 느끼게 할 수도 있다.

도전적 행동 맞춤형 전략

● **적극적인 토론**

도전적 행동 성향을 가진 사람들은 특유의 표현적 성향을 토론을 통해 발휘하길 좋아한다. 이들을 해킹하려면 그들에게 도전적인 피드백을 제공하고, 서로 대화를 주고받으면서 아이디어를 깎아나가고 개발할 수 있는 기회를 제시하는 것이 효과적이다. 이들이 가지고 있는 생각에 대해 다양한 질문을 던지고, 이와 관련한 대답에 대해 다시 피드백하면서 토론을 이어나가는 것이다. 상대방의 의견에 대해 반응하고 자신의 생각을 표현하는 활력 있는 토론 과정을 통해 이들은 자신의 가치관을 발전시키며 흥미와 열정을 느낀다. 토론을 유도하고 적극적으로 피드백을 주고받는 과정을 통해 도전적 행동 성향의 사람에게 즐거움과 에너지를 선사할 수 있다.

● **주도권과 자율성 부여**

도전적 행동 성향이 강한 사람들은 스스로 주도권을 잡고 일을 추진하는 것을 선호한다. 이들이 열정을 가지고 일하게 만들기 위해서는 자율성을 부여하고, 그들에게 리더십 역할을 맡기는 것이 효과적이다. 이들에게 결정권을 주고, 팀을 이끌어 나갈 수 있는 기회를 제공하면, 이들은 책임감을 느끼고 자신의 능력을 최대한 발휘하려 한다. 또한, 이들이 주도적으로 문제를 해결할 수 있도록 격려하되, 그 과정에서의 좋은 아이디어나 리더십 등을 꼬집어 칭찬을 곁들인다면 더 효과적인 해킹이 될 수 있다.

결단과 행동

결단과 행동 성향을 가진 사람들은 빠른 결단과 신속한 행동력을 선호한다. 이들은 목표를 명확히 설정하고, 이를 달성하기 위해 즉각적으로 행동에 나서는 경향이 있다. 이 과정에서 쓸데없는 것들을 배제하고, 효율성을 중요하게 여기며, 계획을 세우고 그에 따라 움직이는 것을 선호한다. 더불어 이들은 리더십을 발휘하는 것을 좋아하고, 팀 내에서 주도적인 역할을 맡는 경우가 많다. 명확한 목표와 지시가 있을 때 가장 잘 움직이며, 모호한 상황이나 불확실성을 싫어하는 경향이 있다.

특유의 외향성과 결정지향적인 성향은 결론과 목적에 집중하게 만든다. 그래서 니즈에 대해 성격이 다소 급한 모습을 보인다. 바꿔 말하면, 결단을 내리고 바로 행동에 옮기기 때문에 추진력이 강하다고 볼 수 있다. 일단 방향이 정해지면 이를 위한 구체적인 계획을 세우는 등 준비 과정에 주도적으로 임하며, 예상하지 못한 변수가 발생하지 않게 상황을 통제하려는 의지가 강하게 나타난다. 그래서 진취적인 태도를 가지고 적극적으로 본인의 의사를 표현하는 경우가 많다.

다른 사람들과 비교했을 때 업무를 추진하는 과정에서 집행적이고 지배적인 태도를 보이기 쉽다. 그러나 신속하게 의사결정이 이루어지지 못하고 지지부진할 경우 스트레스를 많이 받기 때문에 때때로 충동적으로 변할 수도 있다. 또한, 너무 보수적이고 수동적인 상황에서 본인이 원하는 대로 일이 진행되지 않을 때 무기력해지거나 혹은 극단적인 방식으로 해결하려고 시도할 수도 있다.

빠른 결단과 신속한 행동을 선호하는 이들은 자신에게 주어진 일을 끝까지 완수하려는 태도를 지니고 있다. 이들은 문제를 해결하는 데 있어 확실한 해결 방법을 설정하고, 신속한 의사결정을 통해 일을 진행하는 것을 좋아한다. 팀워크 측면에서는 다른 사람들에게도 큰 영향을 미치며, 그들의 행동을 이끌어 내는 것을 즐긴다. 또한 자신이 주도한 계획이 성공했을 때 큰 자부심과 성취감을 느끼며, 이를 통해 자신의 존재 가치를 확인하고자 한다. 그러나 때로는 너무 빠르게 결정을 내리거나, 타인의 의견을 충분히 고려하지 않는 경향이 있어 갈등이 발생할 수 있다. 왜냐하면, 결과를 통해 모든 과정의 정당성을 부여하려는 본능이 강하기 때문이다.

결단과 행동 맞춤형 전략

● 명확한 목표와 구체적인 계획 제시

결단과 행동 성향을 가진 사람들은 명확하고 구체적인 목표를 설정할 때 가장 큰 동기 부여를 받는다. 이들을 해킹하려면 그들에게 명확한 목표를 제시하고, 이를 달성하기 위한 구체적인 계획을 제공하는 것이 중요하다. 예를 들어, 프로젝트의 진행 과정을 단계별로 나누고 각 단계에서 기대되는 결과를 명확히 설명하면, 이들은 자신이 무엇을 해야 하는지 분명히 이해하고 적극적으로 행동에 나설 것이다.

때로는 이들에게 목표를 더 명확하게 하고 계획을 구체화해 달라고 요청하는 것도 좋은 방법이다. 뭔가 모호하고 중구난방인 상황에서 이들은 전체 프로젝트의 목적을 분명히 하는 것에 편안함을 느끼기 때문이다. 더 나아가 이를 달성하기 위한 직접적이고 효과적인 계획을 수립함으로써 스스로 효능감과 책임감을 느끼게 된다.

● 결정권과 책임 부여

결단과 행동을 지향하는 사람들은 자신의 결정을 통해 일을 추진하고, 그에 따른 책임을 지는 것에서 사명감을 느낀다. 이들을 해킹하기 위해서는 그들에게 일정 수준의 결정권을 부여하고, 그 결정을 실행할 책임을 맡기는 것이 효과적이다. 자신의 의사결정을 존중받는 환경에서 이들은 자신이 중요한 역할을 맡고 있다는 느낌을 받기 때문에 더욱 적극적으로 행동하며, 수동적인 상황일 때와 비교하여 목표 달성을 위해 더 많은 노력을 기울일 확률이 높다. 예를 들어, 팀내에서 중요한 의사결정을 맡기거나, 프로젝트의 리더 역할을 부여하면 이들은 더 큰 동기와 열정을 가지고 일에 임할 것이다.

활동과 체험

활동과 체험 성향이 강한 사람들은 새로운 경험과 자극을 즐기며, 활동적인 삶을 지향하는 경향이 있다. 이들은 변화와 다양성을 추구하며, 정해진 틀에 얽매이기보다는 매 순간 새로운 경험을 통해 에너지를 얻는다. 기본적으로 즉흥적이며 자발적인 성향을 보이며, 스스로를 새로운 환경에 던져 넣어 배우는 것을 선호한다. 이들은 대체로 호기심이 많고, 다양한 활동을 통해 자신의 삶을 풍부하게 만들어 가려는 경향이 있다.

이들은 흥미를 자극하는 것들에 적극적으로 반응하는 본능을 가지고 있다. 그래서 관심을 끄는 취미나 여행지를 발견하면 바로 행동에 옮긴다. 또한, 흥미를 끄는 기술이나 직업에 대해 도전하려는 태도를 가지고 있으며, 이 과정에서 즉각적인 즐거움과 성취감을 추구한다. 변화에 예민하게 반응하기 때문에 대화에 열중하며 길을 가다가도 갑자기 호기심을 자극하는 풍경, 동물, 사물 들에 대해 쉽게 관심이 옮겨간다. 외부 환경에 대해 호기심으로 다가가며 예상하지 못한 새로운 변화에 개방적이다.

활동과 체험 성향이 강하면 사람들과 쉽게 어울리며, 사교적인 상황에서 활력을 얻는다. 또한 다양한 사람들과의 상호작용에서 새로운 인사이트를 얻기도 한다. 사람들 사이에서 대체로 분위기를 밝게 만들고, 사람들 사이의 활발한 상호작용을 촉진하려는 본능이 강하기 때문에 비협조적이거나 뭔가 소통을 거부하는 것 같은 느낌을 쉽게 간파하기도 한다.

때때로 갑자기 떠오른 자신만의 방법으로 문제를 해결하는 것을 좋아하며, 통제를 당하기보다는 자율성을 중시한다. 이들은 현재의 순간에 충실하며, 미래에 대한 과도한 계획보다는 그때그때 상황에 맞춰 유연하게 대처하는 것을 선호한다. 그러나 이들은 가끔 충동적이거나 장기적인 계획을 간과하기도 하며, 여러 가지 일을 동시에 시도하다가 집중력을 잃거나 일을 끝내지 못하는 경우도 있다.

상황에 맞춰서 즉흥적으로 대처하는 경험을 자주 하다 보니 임기응변으로 위기를 극복한 경험이 많을 확률이 높다. 또한, 색다른 시도를 좋아하며 이 과정에서 스스로 의도하지 않은 결과를 얻게 되는 경우도 적지 않다. 다양한 상황에서 재치 있게 반응하기 때문에 사교적이고 유쾌한 모습을 보인다. 다만 스스로 주체성을 가지고 자발적으로 움직이지 않으면 에너지를 쉽게 잃기 때문에 엄격하고 통제적인 상황에서 역량을 발휘하기 어려울 수도 있다.

활동과 체험 맞춤형 전략

● 새로운 경험과 도전과제 제시

활동과 체험 성향을 가진 사람들은 새로운 경험과 도전을 통해 큰 동기 부여를 받는다. 반복적이고 무료한 일상에 지루함을 느끼고 있다면, 도전적인 과제나 새로운 활동을 제안하는 것이 해킹을 위한 첫 발걸음이 될 수 있다. 예를 들어, 갑자기 새로운 곳으로 떠난다거나, 유튜브 등에서 본 체험 활동을 직접 하러 가자고 제안하는 방법 등이 있다. 이 과정에서, 흥미와 즐거움뿐만 아니라 다양한 형태의 인사이트와 성과를 누릴 수 있다고 설득한다면, 이들은 큰 관심을 가지고 적극적으로 임하게 된다. 이러한 새로운 경험은 그들에게 에너지를 제공하고, 지속적으로 흥미를 유지하도록 돕는다.

● 자율성과 권한 부여

사람들은 자신이 자유롭게 움직일 수 있는 환경에서 가장 잘 일한다. 활동과 체험 성향이 강한 이들은 지나치게 구조적이고 통제적인 환경보다, 자율성이 최대한 보장되고 유연하게 일할 수 있는 환경을 조성해 주는 것이 중요하다. 정해진 틀이나 엄격한 규칙보다는 목표만 제시하고, 그 목표를 달성하는 방법은 그들 스스로 결정하게 하는 것이 전체적인 효율성을 끌어올리기에 적합한 방식이다. 이러한 환경에서 이들은 더 주도적으로 목표를 달성하려고 하며, 이 과정에서 스스로 책임감을 강화하게 된다.

CHAPTER 6

내향성
심리 모델

내향성 심리 모델

『인간해킹』의 여섯 번째 챕터 내향성 심리 모델은 일반적으로 알려진 '내향성'을 포함한 6개의 심리 모델을 다룬다. 내향성은 사람의 성격을 정의하는 대표적인 심리요소 중 하나로, 개인이 에너지를 내부에서 얻고, 내면의 세계에 집중하는 경향을 의미한다. 내향적인 사람들은 조용하고 신중한 편이며, 혼자서 시간을 보내는 것을 중심으로 삶을 채워나간다. 이들은 외부의 자극보다 내부의 생각과 감정에 더 큰 가치를 두며, 깊은 대화나 자기 성찰을 통해 의미를 찾으려는 경향이 강하다. 다만, 내향성은 단순히 사회적 상황에서의 수줍음이나 숫기 없는 모습과의 인과관계로 규정하기엔 무리가 있으며, 이는 개인의 경험이나 직업뿐만 아니라 다른 심리적 특성들을 함께 활용하여 해석되어야 한다.

내향적인 사람들은 보통 자신만의 세계에 몰두하는 것을 즐긴다. 이들은 외부 자극에 쉽게 피로를 느끼기 때문에, 사회적 활동보다는 조용한 환경에서 안정감을 느낀다. 내향적인 사람들은 대체로 같은 생각을 반복적이면서도 깊게 하며, 보다 내관적이고 반추적인 성향이 있다. 이러한 특성에 기인하여, 타인과의 상호작용에서 겉으로 드러나는 것보다 내면의 진실한 연결을 중요시하며, 의미 있는 관계를 맺는 데서 더 큰 가치를 느낀다. 또한, 내향적인 사람들은 많은 사람들과 얕은 관계를 맺기보다는 소수의 사람들과 깊이 있는 관계를 형성하려는 경향이 있다.

내향적인 사람들은 자신의 내면에 대해 잘 알고 있으며, 자기 성찰을 통해 자신의 감정과 생각을 깊이 있게 탐구하는 데 익숙하다. 이러한 자기 탐구의 과정은 개인적인 성장과 성숙을 돕는 중요한 요소로 작용한다. 그러나 자신의 생각과 감정을 곱씹는 과정에서 타인을 포함한 외부 세계의 가치체계가 평가절하 되거나 배제되기도 하며, 특히 부정적인 과거 경험이나 사례로부터 쉽게 헤어 나오지 못하는 모습도 보인다. 때때로 사회적인 상황에서의 말과 행동에 대해 지나치게 부정적으로 해석하기도 하며, 이를 극복하거나 바로잡기 위한 적극적인 액션에 임하는 것에 부담을 느끼기도 한다.

정신분석적인 관점에서 내향성은 자아 성찰과 자기 이해를 돕는 중요한 요소로 여겨진다. 내향적인 사람들은 자신의 감정과 생각을 깊이 있게 탐구하고, 이를 통해 자신을 더 잘 이해하려는 경향이 있다. 이러한 자기 성찰의 과정은 개인의 성장과 성숙을 돕는 중요한 도구가 된다. 또한, 내향적인 사람들은 외부의 자극에 대해 신중하게 반응하며, 자신의 내면에서 답을 찾으려는 경향이 있어, 자기 자신에 대한 이해와 통찰력을 높이는 데 유리하다. 결론적으로, 내향성은 반추적 사고와 자기 성찰에 몰입하게 만들며, 이를 통해 자신의 성향을 잘 이해하고, 이를 바탕으로 자신에게 맞는 환경을 찾아가며, 그 속에서 삶의 만족을 추구할 가능성을 향상시킬 기회를 얻을 수 있다.

내관적 성찰

내관적 성찰 성향을 가진 사람들은 깊은 사고와 자기 성찰을 통해 의미를 찾고, 자신의 내면세계를 탐구하는 데 집중하는 경향이 강하다. 이들은 주로 내면의 아이디어와 상상 속에서 에너지를 얻으며, 조용하고 집중된 환경에서 자신만의 생각을 발전시키는 것을 좋아한다. 이들은 새로운 아이디어를 탐구하고 개념을 깊이 있게 이해하는 데 관심이 많으며, 개인적인 통찰과 자아 성장에 높은 가치를 둔다. 이들이 집중하는 것들은 대부분 추상적이고 지적이며, 몽상적이고 철학적이다. 그래서 그것들을 실제로 활용할 수 있는지 그 여부를 떠나 일단 떠오른 아이디어나 지식 그 자체에 관심을 갖는 편이다.

이들은 대체로 사색적이며, 외부 세계보다는 내면의 세계에 더 많은 관심을 둔다. 이를 통해 이들은 복잡한 문제나 아이디어에 대해 보다 주관적이고 창의적인 관점에서 분석하는 능력을 갖추고 있다. 내관적 성찰 성향의 사람들은 주로 혼자서 시간을 보내며 깊이 있는 생각을 하거나, 조용한 환경에서 책을 읽거나 글을 쓰는 것에 만족감을 느낀다. 또한, 이들은 타인과의 상호작용에서도 깊이 있는 대화를 선호하며, 사회적 상황에서의 기술에 불과한 얕은 상호작용보다는 진실한 관계 형성을 중요하게 여긴다. 이러한 특징으로 인해 창의적이면서도 분석적인 성향을 동시에 가지고 있어, 문제 해결에 있어 독립적이면서 독창적으로 접근을 시도하려 한다.

혼자만의 시간과 공간에서 주관적인 감상이나 공상을 통해 나만의 내적 가치를 느끼고 이를 점점 쌓아나가게 되는데, 특정한 목적을 두고 접근하지 않기 때문에 생각을 행동으로 바로 옮기는 경우는 많지 않다. 그래서 현실적인 과업보다는 자신만의 내적 가치에 몰입하며 이를 통한 삶의 의미와 가치를 찾는다. 이처럼 조용하고 내관적인 성향은 이러한 독창적이고 추상적인 인식 체계와 만나 일상적인 것에도 다양한 의미와 상징을 부여하는 모습을 보인다.

그러나 내관적 성찰 성향은 때때로 타인과의 소통에서 어려움을 겪을 수 있다. 이들은 자신의 생각을 타인에게 쉽게 전달하지 못하거나, 사회적 활동에서 에너지를 소모하는 경향이 있어, 사회적 상황을 피하려는 경우도 있다. 또한, 지나치게 주관적 감상에 몰입하면서 객관적이고 실용적인 해결책을 후 순위에 두며, 스스로 생각한 아름답고 이상적인 해결책을 포기하지 못하는 경향이 나타나는 문제도 있다. 이는 완벽주의적인 성향으로 이어지며, 때문에 자신의 기준에 부합하지 않는 상황에서는 쉽게 좌절하거나 비관적인 태도를 보일 수 있다.

내관적 성찰 맞춤형 전략

● 깊이 있는 대화와 현실적인 대책 제안

내관적 성찰 성향이 높을수록 피상적인 대화보다는 깊이 있는 대화를 통해 의미를 찾고, 상대방과의 진정한 공감을 추구한다. 이들을 해킹하려면 차분하고도 깊이 있는 대화를 나누는 과정이 필요하다. 아무리 옳고 합리적인 제안이더라도 아이디어나 의견을 진지하게 받아들이도록 설득하는 것은 또 다른 중요한 측면이기 때문이다. 또한, 이들은 때때로 너무 주관적이고 공상적일 수 있다. 이것이 문제임을 스스로 알고 있음에도 포기하지 못하는 어려움을 겪고 있다면, 구체적이고 현실적인 대책을 제안하는 것이 좋다. 반박하거나 비난하기보다, 그 목표를 위해 필요한 중간 단계로서의 실용적인 피드백을 통해 더 깊이 있는 탐구를 할 수 있도록 도와준다면, 이들과 좋은 인간관계를 형성하는 데 효과적이다.

● 혼자만의 시간과 공간 보장

스스로 반추하고 성찰하길 좋아한다면, 혼자만의 시간을 통해 에너지를 충전하길 포기한다는 것은 있을 수 없는 일이다. 특히, 이들을 해킹하기 위해서는 자율적이고 조용한 환경을 제공하는 것이 중요하다. 스스로 과거의 경험을 돌이켜 보고 욕망을 들여다보면서, 이들이 자신만의 속도로 문제를 탐구할 수 있는 충분한 시간을 주는 것이 좋다. 편안한 환경 속에서 시간을 가지고 아이디어를 발전시킬 수 있게 도와준다면, 자신의 능력을 최대한 발휘할 가능성을 높일 뿐만 아니라 인간적인 궁합을 향상시키는 데도 도움이 된다. 또한, 외부의 압박 없이 자신의 방식대로 생각할 수 있는 자유를 주는 것도 큰 동기 부여가 된다.

경험적 안정

경험적 안정 성향을 가진 사람들은 현재의 경험과 안정적인 환경을 중요시하는 경향이 있다. 이들은 검증된 방식의 문제 해결에 집중하며, 익숙하고 안정된 환경에서 만족감을 느낀다. 그래서 일상생활에서의 소소한 즐거움과 익숙한 루틴을 통해 안정감을 얻고, 급격한 변화보다는 현 상태를 어느 정도 유지하면서 나아가는 편이다. 이들은 신뢰할 수 있는 환경에서 규칙적으로 반복되는 일을 선호하며, 급격한 변화나 불확실성에 대해 부담을 느끼는 경우가 많다.

이들은 경험적 안정이라는 말처럼, 직간접적으로 경험된 바가 있는 안정적인 선택을 선호하는 경향을 보인다. 그래서 실제 경험 혹은 검증된 정보를 근거로 판단을 내린다. 어떠한 사실이나 정보를 검토할 때, 추상적이고 비약적인 요소가 아닌, 쉽게 와닿는 정보에 초점을 맞춘다. 쉽게 와닿는 정보들이란 대개 확실히 검증된 지표를 말하는데, 참고할 만한 확실한 사례나 신뢰할 만한 정보가 부족할 때는 결국 경험했던 것 중에 가장 익숙한 것을 선택하게 된다. 더불어 당장 효용을 체감할 수 있는 실용적인 해결책들을 신뢰하며, 이는 자신의 주관적 경험 중 가장 체감하기 쉬웠던 기억에 의존하는 경향에 기인한다. 같은 맥락에서, 전통적으로 검증되었다고 볼 수 있는 권위에 의존하며, 그렇지 않다면 직접 확인된 능력이나 성과에 무게를 둔다.

안정을 추구하는 이 사람들은 중요한 사안일수록 신중하고 책임감이 강해지며, 자신이 맡은 일을 웬만하면 끝까지 완수하려는 의지가 강하다. 이들은 조직 내에서 타인의 기대에 부응하는 것을 중요하게 생각하며, 주어진 일을 조용하게 해결하는 경향이 있다. 이들은 전통적이고 보수적인 접근을 통해 안정적인 목표 달성을 추구하며, 주어진 틀 안에서 자신의 역할을 충실히 수행하는 것을 좋아한다. 또한, 주변 사람들과 문제 없이 무난한 인간관계를 유지하려 노력하는데, 이는 스스로의 지위를 안정적으로 유지 보수 하려는 본능 때문이다.

그러나 경험적 안정 성향은 때때로 새로운 도전을 꺼리거나, 변화에 적응하는 데 어려움을 겪을 수 있다는 문제를 동반한다. 이들은 급격한 변화나 예측할 수 없는 상황에서 큰 스트레스를 받고, 새로운 환경에 대해 적응하는 데 심리적으로 어려움을 겪곤 한다. 또한, 신뢰할 만한 정보가 부족한 상황에서 결정을 내리는 데 시간이 오래 걸리거나, 기회를 놓치는 경우도 생길 수 있다.

경험적 안정 맞춤형 전략

● 예측 가능한 환경 제공

경험적 안정 성향이 강할수록 예측이 불가능한 대상이나 상황에 대해 좀처럼 집중하기 어려워한다. 그래서 안정적이고 예측 가능한 환경을 제공해야만 그들을 해킹할 수 있는 기회를 창출할 수 있다. 이들과 함께 일을 할 때는 가능한 한 변화가 적고, 예측 가능한 환경을 조성해 주는 것이 중요하다. 이들이 자신이 익숙한 환경에서 안정감을 느끼고, 주어진 과제를 수행할 수 있도록 도움을 준다면 그들은 임무를 수행하는 과정에 몰입할 수 있게 된다. 만약, 환경에 큰 변화가 예상될 경우에는 사전에 충분한 정보를 제공하는 것이 이들의 불안을 줄이는 데 도움이 된다.

● 신뢰 가능한 정보 제공

경험적 안정 성향의 사람들은 안정을 추구하기 때문에, 자발적으로 불안정한 환경에 들어가길 꺼려 한다. 그래서 이들을 설득해야 하거나 새로운 제안이 필요할 때는, 너무 뜬구름 잡거나 비약적인 방식은 피해야 한다. 가급적 직접 경험한 바를 이야기하거나 잘 알려진 전문가나 미디어 등에 노출된 바 있는 최소한의 명성이나 권위를 기반으로 설득하는 것이 효과적이다. 또한, 쉽게 접근할 수 있는 정보

를 제공하고 이것의 신뢰성을 증명할 수 있는 최소한의 장치를 마련
하는 것이 좋다.

심미적 탐구

심미적 탐구 성향을 가진 사람들은 내면의 추상적인 느낌과 심미적인 감각에 집중하고, 삶의 의미와 가치를 추구하는 경향이 강하다. 이들은 인간, 사회, 자연, 철학 등 다양한 요소로부터 자신만의 감성을 자극받고, 이를 곱씹으며 내면의 만족을 느끼곤 한다. 기본적으로 섬세하고 감정적으로 민감하며, 타인의 감정에 예민하다. 이들은 감정의 흐름과 자연스러움을 중시하며, 일상의 사소한 것들에서 의미를 찾는 경우가 많다. 또한, 이들은 내면의 생각과 감정을 탐구하고, 이를 자신만의 방식으로 표현하는 데 능숙하다.

심미적 탐구 성향은 고유의 내향성으로 인해 자신만의 감성이 또렷하다. 동시에 협력적이고 우호적인 태도로 인해 타인을 도와주거나 배려하기 위해 마음을 쓰며, 무난하고 협조적인 태도로 일을 추진해 나간다. 내향적이면서도 타인의 기분에 감성적이기 때문에 나의 말과 행동을 상대방이 어떻게 느끼는지 관심이 많고, 상대가 기분이 상하지 않게 눈치를 보며, 타인의 의견을 경청하는 태도를 보이려고 노력한다. 때문에 타인의 말과 행동에 뭔가 호응해야만 할 것 같은 기분을 자주 느끼며, 상대의 요구에 민감하다 보니 가혹한 상황에서 주도권을 잃고 휩쓸리기도 한다.

집단에서 본인의 주관적 의견과는 상관없이 다수 의견을 따르는 경우가 많은데, 때때로 이 과정에서 자신만의 주관적인 가치관과 충돌을 겪는다. 그래서 겉으로는 갈등을 피하고 상호 존중하는 모양새를 보이지만 속으로는 큰 스트레스를 받거나 위로받지 못한다고 느끼게 된다. 다만 타인과의 갈등을 너무 회피하려다 보면, 이것이 누적되며 극단적인 감정을 느끼는 순간을 경험하기도 한다.

이들은 대체로 조용하고 사색적이며, 복잡한 감정을 정교하게 표현하는 것을 선호한다. 또한, 자신의 내면세계를 통해 세상을 이해하고, 자신의 경험을 바탕으로 새로운 관점을 만들어 내는 경향이 있다. 예술적이거나 철학적인 주제에 대해 관심이 많고, 이를 통해 스스로의 존재에 대해 깊이 생각하며 성찰하는 것을 즐긴다. 이러한 성향 덕분에 감성적인 경향을 보이며, 타인과의 관계에서 깊이 있는 유대감을 형성할 수 있다.

심미적 탐구 맞춤형 전략

● 감정적 공감과 지지 제공

만약 상대방이 심미적 탐구 성향이 강하다면 그들이 스스로의 감정뿐만 아니라 타인의 감정과 분위기에 민감하다는 사실에 주목해야 한다. 그래서 일단 그들이 느끼는 감정에 공감을 보내고, 비록 그것이 다소 주관적이거나 독특하다고 할지라도 지지하는 모양새를 취하는 것이 좋다. 공감과 지지는 누구나 좋아한다고 생각할 수도 있으나, 심미적 탐구 성향과 반대되는 성향의 경우 오히려 객관적인 팩트를 가지고 논쟁하는 것을 더 선호할 수도 있다는 사실을 명심해야 한다. 따라서, 이들이 감정적이고 또 심미적으로 예민하지 않은 상태가 될 수 있도록 차분하게 지지를 제공하고, 깊은 대화를 통해 충분한 교감을 나눌 수 있어야 한다. 이 과정을 통해 이들은 마음을 열고 비로소 속이야기를 터놓고 나눌 수 있다는 믿음을 갖음으로써 더 효용 있는 인간관계를 형성할 수 있다.

● 감성 표현의 기회 제공

이들은 기본적으로 내향성을 갖고 있기 때문에, 자신만의 감성과 주관적인 해석을 자유롭게 표현하기보다는 내면에 보관하며 곱씹는다. 그러나 감성이란 개인의 추상적인 감각적 경험이며, 이를 가공하여 표현한다는 것은 스스로의 자아를 강화하는 계기를 제공할 수 있다는 점에 주목해야 한다. 따라서 이들이 자신의 감성을 표현할 수 있는 기회를 제공하는 것은 긍정적인 인간관계를 형성하는 데 도움이 된다. 다만, 표현 방법에 있어 단순한 대화와 토론이 아닌, 예술적인 활동이나 글쓰기 등을 통해 다양한 방법으로 표현할 수 있도록 장려하는 것이 더욱 감성을 자극하기 좋다. 이 과정을 통해 이들은 스스로 자아를 실현하는 데 가까워질 수 있고 자신의 존재감을 체감하며 안정감을 느낄 수 있게 된다.

사색적 사고

사색적 사고 성향을 가진 사람들은 깊이 파고 들어가는 사색과 논리적인 사고를 통해 세상을 이해하는 경향이 강하다. 이들은 주로 혼자만의 시간을 통해 자신의 생각을 정리하고, 복잡한 문제를 탐구하는 것을 선호한다. 이들은 대체로 외부의 자극보다는 자신의 내면적 사색의 산물에 더 많은 가치를 둔다.

이들은 사소한 것에도 깊이 생각하며, 문제의 본질을 이해하고자 하는 탐구적인 태도를 가지고 있기 때문에 타인과의 의사소통이나 사교활동에 그리 적극적으로 임하지는 않으려 한다. 차라리 소수의 사람과 이야기를 나누는 것을 선호하며, 흥미를 느끼는 주제가 아니면 집단의 대화에 그다지 굳이 끼어들기 위해 노력하길 귀찮아한다. 평소에 타인에 그다지 큰 관심이 없으며 자기만의 기준과 양식을 가지고 살아가기 때문에 문제가 생기면 속으로 곰곰이 생각하거나 조용히 검색해 보는 편이다.

사색적 사고 성향이 강한 이들은 대체로 논리적인 사고를 좋아하기 때문에, 구체적이고 명확한 정보를 다루고 싶어 한다. 이들은 혼자서 집중하여 일하는 것을 선호하며, 자신에게 주어진 문제를 해결하는데 있어서 독립적인 프로세스를 선호한다. 또한, 감정보다는 사실과 논리에 기반해 판단하려는 경향이 강하다. 이들은 주로 과묵하고 사려 깊은 모습을 보이며, 많은 사람들 속에서 활동하기보다는 혼자 깊이 있는 생각을 하는 것을 즐긴다.

보통 사건의 인과관계나 기본 원리에 관심이 있기 때문에 이런 것들을 평소에 조용히 관조하거나 지켜보면서 스스로 논리적으로 따져보며 시간을 보낸다. 그래서 구성원 일부가 인지하고 있는 집단의 문제점이 있다면 웬만하면 이들에게 이미 발견되었을 확률이 높다. 그저 굳이 나설 필요까지는 없었기 때문에 나서지 않았을 뿐이라고 이해하는 것이 좋다.

다만, 때때로 지나치게 논리적이거나 냉소적이며, 사회적인 상호작용에서 벗어나거나 타인과의 감정적 연결을 평가절하 할 수도 있다. 또한, 생각보다 변화에 대해 보수적이거나 새로운 상황에 적응하는 데 시간이 걸리기도 한다. 이러한 성향으로 인해 종종 타인에게 냉정하게 보일 수 있지만, 이는 그들이 신중하게 모든 가능성을 고려하고자 하는 태도 때문이다.

사색적 사고 맞춤형 전략

● 독립적인 작업 공간 제공

사색적 사고를 선호하는 사람들은 혼자서 집중하고 사색할 수 있는 환경에서 집중력이 향상된다. 이들을 해킹하기 위해서는 개인적인 공간과 독립적인 작업 환경을 제공하는 것이 중요하다. 이는 내향성을 가진 사람들에게 공통적으로 적용될 수 있는 일이지만, 이들은 내향적인 사람들 중에서도 가장 독립적으로 일하려는 본능이 강하다는 점을 명심해야 한다. 이들이 자신의 생각을 정리하고 깊이 있는 분석을 할 수 있는 충분한 시간을 주면, 이들은 더 효율적으로 업무를 수행할 수 있다. 또한, 가급적 불필요한 간섭을 줄이고, 그들이 스스로 결정을 내릴 수 있도록 독립성을 보장해 주는 것도 그들의 동기 부여를 높이는 좋은 방법이다.

● 논리적인 문제 해결 요구

평소에 사색적인 사고를 선호하는 이들은 기본적으로 깊이 파고들며 논리적 결함을 찾는 것에 익숙하다. 그래서 모호하고 감성적인 문제보다는 구체적이고 논리적인 사고를 요구하는 문제의 해결을 요구하는 것이 훨씬 더 나은 성과를 기대할 수 있다. 또한, 이들에게는 명확하고 논리적인 목표를 제시하는 것이 효과적이다. 예를 들어, 문제 해결을 위해 단계별로 계획을 세우고, 각 단계에서 무엇을 해야 하는지 명확히 설명하면, 이들은 자신의 능력을 발휘하여 문제를 해결하려는 동기를 느낄 것이다. 또한, 이러한 접근은 그들이 문제를 해결하는 과정에서 지속적으로 성취감을 느낄 수 있으며, 더 자신감을 갖고 문제를 해결하는 데 도움이 된다.

신중한 설계

신중한 설계 성향을 가진 사람들은 신중하게 계획하고 성실히 수행하려는 성향이 강하다. 이들에겐 안정성과 예측 가능성이 가장 중요하며, 미리 세팅된 구조 안에서 일을 진행하는 것을 선호한다. 대체로 책임감이 강하고 신중하며, 자신의 목표를 이루기 위해 꼼꼼하게 준비하고 차근차근 실행하는 경향이 있다. 이들은 급격한 변화나 불확실한 상황보다는 예측 가능한 환경에서 안정감을 느끼며, 주어진 일을 끝까지 완수하려는 의지가 강하다.

그래서 어떤 일이 발생하면 일단 지켜보면서 상황을 파악하고 스스로 소화하는 시간이 필요하다. 그리고 신중히 상황을 파악하고 해결 방향을 결정하면, 끝까지 걸어간다. 다시 말해 업무를 처리하거나 문제를 해결하는 과정에서 차분하게 정리할 수 있을 만한 충분한 시간이 필요한 성향이라고 볼 수 있다. 이러한 성향 때문에 계획을 수립할 때 시간과 공을 들이는 편이며, 예상 가능한 모든 변수들을 고려하여 신중하게 접근하는 것을 좋아한다. 이들은 결정을 내릴 때, 너무 급하게 결정하는 것에 대해 본능적인 거부감을 갖고 있다. 그래서 충분히 생각했다는 기분이 들 정도의 시간이 지난 후에야 행동에 옮기려는 경향을 보인다. 만약 그렇지 않다면, 그만큼 그 결정을 중요하게 여기지 않는다고 볼 수도 있을 정도이다. 다만, 때때로 급격한 변화에 대한 두려움이 있거나, 유연성을 발휘하는 데 어려움을 겪을 수 있다.

같은 맥락에서 아무리 큰 보상을 기대할 수 있다고 해도 높은 위험을 굳이 무릅쓰지 않으려고 한다. 다만 꿈이나 버킷리스트와 같이 자신만의 강력한 동기가 있다면 사람들이 뭐라고 말하든 굳은 심지로 걸어 나가는 성실함과 완고함이 있다.

내향적이면서도 결정지향적인 사람들은 목표를 달성하기 위해 자신의 에너지를 효율적으로 투자하길 원하며, 타인에게 의존하기보다는 가급적 스스로 문제를 해결하려는 경향이 있다. 이들은 자신의 내면을 잘 갈무리하고 정리하길 원하며, 스스로를 잘 통제하고 싶어 하기 때문에 어려운 상황에서도 흔들리지 않고 계획을 이행할 수 있는 강한 정신력을 최우선 가치로 생각하곤 한다. 그러나 이러한 신중함이 때로는 과도해져, 새로운 아이디어나 기회를 놓치거나, 임기응변과 속도가 중요한 상황에서 종종 당황하는 모습을 보인다.

신중한 설계 맞춤형 전략

● 명확한 계획과 목표 설정

이들은 명확한 계획과 목표가 있을 때 가장 큰 동기 부여를 느낀다. 이들을 해킹하기 위해서는 그들에게 명확하고 구체적인 목표를 제시하고, 이를 달성하기 위한 구체적인 계획을 함께 수립하는 것이다. 예를 들어, 프로젝트의 목표를 분명히 하고 각 과정을 과업과 시간 단위로 나누어 각자의 미션과 기대되는 결과를 명확히 설명하면, 이들로 하여금 자신이 무엇을 해야 하는지 분명히 이해하고 적극적으로 행동하게 만드는 데 도움이 된다.

● 일관되고 안정적 환경 조성

내향성이 높고 결정지향적인 사람들은 예상하지 못한 변화에 대해 부담을 느낄 수 있기 때문에, 변화를 대비할 수 있는 충분한 준비 시간을 제공하는 것이 중요하다. 심지어 예상이 가능할지라도 잦은 변수의 발생에 대해서는 큰 스트레스를 받는다. 이들을 해킹하려면 변화가 예견될 때 사전에 충분한 정보를 제공하고, 그 변화에 대해 구체적으로 설명하는 것이 효과적이다. 또한, 일단 목표를 설정하고 출발했으면 중간에 목표를 바꾼다거나 순서를 바꾸지 않는 것이 좋다. 이들은 일관된 세팅값을 가지고 꾸준히 그리고 끝까지 나아가는 것을 선호하기 때문이다.

독립적 탐험

독립적 탐험 성향을 가진 사람들은 자유롭고 유연한 태도로 새로운 것들을 탐험하고 자신의 방식대로 문제를 해결하는 경향이 있다. 이들은 고유한 내향성으로 인해 내면의 세계를 중시하며, 외부의 규칙보다는 개인의 가치와 경험에 따라 행동하려 한다. 대체로 자신만의 자유를 중요하게 여기며, 자신만의 방식을 따르면서 일하는 것을 선호한다. 이들은 정해진 계획보다는 그때그때의 상황에 맞춰 유연하게 대처하는 것을 좋아한다.

적응지향성이 내향성과 만남으로써 무슨 일이 발생했을 때 급하게 쳐내거나 아니면 일단은 관조하고 관망하는 패턴이 나타난다. 또한, 호기심은 많지만 그렇다고 쉽게 행동에 옮기지는 않는다. 그래서 때때로 보수적인 것처럼 보이거나 게으른 것처럼 비춰질 가능성이 있다. 다만, 너무 급격한 변화를 야기하는 결정을 보류함으로써 안정적인 상태를 유지하길 원한다고 해석해 볼 수도 있다.

앞서 언급했던 것처럼 나만의 공간에서 심리적 여유를 가지고 움직이길 좋아하는데, 이는 다소 독립적이고 보수적인 것처럼 보이게 만드는 요인이다. 그래서 누군가에 의해 통제받거나 압박받는 상황보다는 자율성이 어느 정도 보장될 때 본인의 역량을 발휘하게 된다. 자발적으로 움직일 수 있어야 스스로 생각하고 곱씹어 가며 판단하기에 유리하기 때문이다. 다만 문제가 생겼을 때 급한 사항이 아니라면 결정을 유보하려는 성향 때문에 다소 우유부단한 것처럼 보일 수도 있다.

이들은 때때로 즉흥적인 결정을 내리기도 하며, 기존의 틀에 얽매이지 않고 자유분방하게 행동하는 것을 좋아한다. 그러나 이러한 자유로운 성향 때문에 가끔씩 일관성을 유지하는 데 어려움을 겪거나, 장기적인 계획을 세우는 것에 부담감을 느끼곤 한다. 또한, 본인과 반대되는 사회적 혹은 집단적 문화가 강요되는 상황에서 저항적이며, 자신의 삶에 타인이 개입하는 것에 대해 부정적이다. 그러나 지나친 독립성은 때로는 타인과의 협력에서 문제가 되거나, 목표를 지속적으로 추진하는 데 어려움을 초래할 수 있다.

독립적 탐험 맞춤형 전략

● 작은 목표 설정과 부담스럽지 않은 피드백 제공

독립적 탐험 성향이 강하면 자신만의 페이스에 스트레스를 주는 요소가 많을 때 집중력을 잃게 된다. 특히 너무 방대하고 대단한 계획이나 심각해 보이는 피드백은 이들의 동기 부여를 방해하는 요소로 작용한다. 차라리 단계별로 작은 목표를 설정하고 이를 달성하면서 조금씩 다음의 목표를 새롭게 추가하는 방식으로 심리적 부담감을 경감시켜 줄 필요가 있다. 또한, 피드백을 제공할 때 너무 심각하지 않으면서도 가볍게 들을 수 있는 피드백을 제공하는 것이 좋다. 피드백의 양이 너무 복잡하고 많다면 스스로 이를 소화하고 받아들이는 것에 반발감을 느낄 수도 있기 때문이다. 이러한 접근은 이들이 자유로운 성향을 유지하면서도 목표를 달성하기 위해 필요한 일관성을 갖추는 데 도움을 준다.

CHAPTER 7

개방성
심리 모델

개방성 심리 모델

『인간해킹』의 일곱 번째 챕터 개방성 심리 모델은 높은 개방성(이하 개방성) 그리고 심리적 대극인 낮은 개방성(이하 비개방성)을 공통적인 특징으로 하는 총 8개의 심리 모델에 대한 내용으로 구성되어 있다. 개방성(openness)은 사람의 성격 특성 중 대표적인 요소로, 새로운 경험과 다양한 아이디어에 대한 수용적 성향을 의미한다. 개방성이 높은 사람들은 대체로 호기심이 많고 창의적이며, 독창적인 생각을 추구하고 새로운 것에 도전하는 것을 좋아한다. 반면, 비개방성(low openness)은 새로운 경험이나 아이디어에 대한 수용력이 낮은 성향을 말하며, 안정적이고 예측 가능한 상황을 선호하고 기존의 틀 안에서 편안함을 느끼는 성향이 있다. 개방성과 비개방성은 개인의 생활 방식과 대인관계, 직업 선택 등에 큰 영향을 미치는 중요한 요소다.

일반적으로 개방성이 높으면 MBTI에서는 N(직관형) 그리고 P(인식형)가 높게 나타나는 상관관계가 있다. 이는 추상적이고 관념적인 것에 대한 지적 호기심뿐만 아니라, 미래에 대한 가치판단이나 예상하지 못한 변수에 대한 적응적 마인드를 포함한다. 예술, 문학, 과학, 철학, 미래 산업 등 여러 분야에 걸쳐 폭넓은 관심을 가지고 있고, 새로운 아이디어나 경험을 수용하고 이를 통해 자신의 지식을 확장하고자 한다. 창의적이며 상상력이 풍부한 이들은 종종 기존의 틀을 깨고 새로운 것을 시도하려는 경향이 있다. 또한, 개방적인 사람들은 감성적으로도 민감한 경향을 갖는데, 이는 보이지 않는 미지의 것에 대한 열린 수용적 본능에 기인하며, 타인의 감정을 궁금해하고 그 원인을 포함한 인과관계를 알아내려는 성향이 있다.

개방적인 사람들은 대체로 변화와 불확실성을 긍정적으로 받아들이며, 이를 탐구하고 해결책을 마련해 나가는 과정에서 성장하고 발전하고자 한다. 개방적인 사람들은 관습적이거나 전통적인 규칙에 얽매이기보다, 자신의 방식대로 자유롭게 사고하고 행동하는 것을 좋아한다. 이러한 특징 덕분에 개방성이 높은 사람들은 새로운 아이디어를 가지고 창업을 한다거나, 창의적인 방법을 시도하는 것이 필요한 환경에서 뛰어난 성과를 보일 수 있다.

반대로, 비개방성이 강한 사람들은 안정적이고 예측 가능한 환경에서 편안함을 느낀다. 이들은 처음 보는 혁신적인 아이디어보다는 검증된 확실한 방법론을 선호하며, 변화에 대해 심리적 저항이 강한 편이다. 또한, 비개방적인 사람들은 대체로 현실적인 목표를 향해 실용적인 방법으로 일을 진행하는 것을 좋아한다. 이들은 지나치게 미래 지향적이거나 공상적인 것보다는 현실적으로 실행 가능하다는 확신을 주는 것들에 도전하는 것을 선호하며, 익숙하고 검증된 요소들을 선택하려 한다.

개방성이 낮은 사람들은 종종 보수적인 성향을 가지고 있으며, 새로운 아이디어나 방식보다는 확실하게 검증된 방법을 따르는 경향이 있다. 이들은 드러난 사실이나 직접 경험한 바에 기반하여 판단을 내리며, 안정적인 결과를 추구하는 성향이 강하다. 이러한 성향 덕분에 비개방성이 높은 사람들은 안정적이고 체계적인 환경에서 편안함을 느낀다.

개방성의 장점 중 하나는 창의성과 혁신이다. 개방성이 높은 사람들은 기존의 틀에 얽매이지 않고 새로운 아이디어를 시도하는 데 두려움이 없기 때문에, 생각지도 못한 방법의 문제 해결과 혁신적인 접근이 필요한 상황에서 적극적으로 몰입한다. 이들은 편견을 깨는 독특한 관점에서 문제를 바라볼 수 있어, 복잡한 문제를 해결할 때 유연하면서도 비약적인 방법으로 접근할 수 있다.

다만, 개방성이 지나치게 높은 경우, 현실성이 떨어지거나 안정성이 부족한 방식을 고집하는 문제가 나타난다. 또한, 전통적인 것을 거부하는 마음 때문에 변화를 위한 변화에 집착하게 될 수 있다. 이러한 행동은 장기적인 목표에 집중하기 어렵게 만들며, 실현 가능성을 배제함으로써 충동적이고 즉흥적으로 자원을 쏟아붓는 경향을 초래할 수 있다. 또한, 새로운 경험에 대한 과도한 탐험은 현실적인 책임을 외면하게 만들고, 주변으로부터 신뢰와 평판을 잃어버리는 문제를 초래할 수 있다.

반면에, 비개방성의 가장 큰 장점은 안정성과 신뢰성이다. 비개방적인 사람들은 변화보다는 익숙한 환경을 선호하기 때문에, 검증된 방법으로 일을 진행한다. 이러한 특성은 실패를 했을 때의 저점을 끌어올려 낮은 위험 속에서 안정적인 결과를 도모하는 데 도움이 된다. 이들은 누군가 걸었던 길을 확인하고 그 발자취를 추적하며 신중하게 결정을 내리며, 예측 가능한 결과를 추구하기 때문에 위험을 최소화해야만 하는 영역에서 빛을 발한다. 다만, 이들은 변화에 대한 두려움으로 인해 새로운 기회를 놓칠 수 있다. 또한, 창의적이거나 혁신적인 접근을 필요로 하는 상황에서는 한계를 드러내기도 한다. 비개방적인 사람들은 새로운 아이디어나 방식에 대해 거부감을 느끼기 때문에, 시간이 지남에 따라 기술 발전이 빠르거나 미래 지향적인 접근이 필요한 상황에서 불안감을 느끼기 쉽다는 문제가 있다.

개방적 감성

개방적 감성 성향을 가진 사람들은 특유의 개방적인 상상력과 고유의 섬세한 감수성을 통해 사물과의 연결과 사람들과의 유대감을 추구한다. 이들은 감성적으로 민감하고 타인의 감정에 대해 기민하게 반응하기 때문에, 타인에게 공감하려는 경향이 있다. 개방적 가치관을 가진 이들은 눈에 보이지 않는 것들에 호기심이 많아서 대체로 직관적인 느낌에 집중한다. 그리고 그 느낌을 곱씹으며 어떤 의미와 상징으로 다가오는지 상상하는 것을 즐긴다.

개방적 감성 성향이 강할수록 상당히 주관적이고 개인적인 가치판단에 의존하게 되는데, 자신의 감성이 타인들과 다르다는 경험이 누적되며 자의식이 강해지게 된다. 추상적이고 감성적인 인식으로 인해 독특하고 개성 있는 감성이 나타나는 것은 분명한 강점이지만, 동시에 이것이 틀리거나 매력적이지 않을 수도 있다는 불안함을 느낄 수도 있다. 그래서 자기 자신을 진심으로 지지하고 공감해 주는 존재나 표현에 쉽게 마음을 주는 경향이 있다. 사람들의 감정과 분위기에 예민한 성향과 더불어 보다 우호적이고 협력적인 본능으로 인해 타인과의 갈등이나 충돌 상황을 회피하려는 모습이 자주 나타나며, 가끔은 혼자서 상상한 것을 마치 사실인 것처럼 간주하는 경우가 있다.

이들은 개방성이 높은 성향으로 인해 새로운 가능성에 열려 있으며, 창의적이고 독창적인 방법을 통해 자신의 가치관과 신념을 실현하려는 본능이 강하다. 나만의 감성을 존중하는 존재와의 진정성 있는 대화를 통해 깊이 있는 인간관계를 형성하려 하며, 이 과정에서 그들의 자아는 더 편안하고 안정화된다. 그러나 이상적이고 주관적인 가치에 과도하게 몰입하다 보면, 현실적인 문제를 해결할 때 다소 어려움을 겪을 수 있다.

개방적 감성 맞춤형 전략

● 진솔한 공감과 조건 없는 지지 제공

개방적 감성형 사람들은 자신만의 주관과 감성이 또렷하지만, 타인과 나는 다르다는 독립적이고 개인화된 자의식으로 인해 고립감을 느끼는 경우가 많다. 그래서 이들에겐 상투적인 공감이나 겉치레보다, 진실되고 진솔한 공감이 중요하다. 일단, 이들의 고민과 걱정을 처음부터 끝까지 잘 듣는 것이 필요하다. 더 나아가 중간에 작은 질문들을 던지며 그들의 감정을 잘 이해하고 공감해야만 한다. 또한, 이들은 아무리 친한 사이라고 할지라도 이 사람이 진정으로 나를 위한다거나 이해했다고 쉽게 확신하지 못하는 불안을 느끼곤 한다. 그러므로 장기간에 걸쳐 조건 없는 지지를 보내는 것이 필요하다. 어떤 혜택을 서로 교환함으로써 서로에게 빚이 없는 상태로 균형을 맞추기보다는, 바라는 것 없이 그저 존재만으로도 지지받을 자격이 있다는 점을 가장 중요한 맥락으로 이해하고 행동해야 한다.

● 현실적 목표와 실용적 방법 제안

개방성이 높은 감성형 사람들은 자신만의 감성을 토대로 이상적인 목표를 추구하지만, 당연하게도 이를 실현하는 과정에서 어려움을 겪는다. 왜냐하면, 이것들을 원하게 되는 과정 자체가 지나치게 주관적인 경우가 많기 때문이다. 이 경우, 이들을 해킹하기 위해서는 그들의 감성과 바람을 존중하되, 이를 달성하기 위한 당장의 현실적인 목표를 설정하고 구체적인 방법론을 제안하는 것이 좋다. 예를 들어, 지구를 더 건강하게 만들고 싶다는 큰 목표를 작게 나누어 각 단계를 현실적으로 달성할 수 있도록 도와주고, 단계별 성취를 축하하며 이들이 자신감을 잃지 않도록 긍정적인 피드백을 제공하는 것이 중요하다. 이를 통해 이들은 현실적인 기반 위에서 이상을 실현해 나갈 수 있으며, 이 과정에서 자신의 꿈을 더 현실화하게 되는 순간을 경험할 수 있게 된다.

개방적 사고

개방적 사고 성향을 가진 사람들은 논리적이고 분석적인 사고를 바탕으로 새로운 아이디어와 개념을 탐구하는 경향이 있다. 이들은 지적 호기심이 강하고, 특정 대상을 구체적인 인과관계로 해석하는 데 흥미를 느낀다. 이들은 직관적인 느낌을 구체적이고 명확한 방식으로 재구성함으로써, 사람들이 보기에 독창적이고 통찰적인 사고를 추구한다. 때문에 뭔가 독특하고 새로운 해석이나 비평을 세상에 내놓기도 하며, 이러한 생각들을 주변과 공유함으로써 자신의 생각을 검증받고자 한다. 그러나 눈에 보이지 않는 무형의 것들을 가지고 구체적이고 논리적인 사고를 이어가는 것은 결코 쉬운 일은 아니다. 따라서 많은 양의 지식과 논리적인 통찰력이 요구되고 이는 이들이 지식과 정보를 탐구하고 학습하는 중요한 동기가 된다.

이들은 대개 장기적인 목표를 설정하고 이를 달성하기 위해 논리적인 계획을 세우는 것을 선호한다. 이들은 추상적인 개념을 이해하고 이를 현실에 적용하려는 욕구가 강하며, 종종 혁신적인 아이디어를 제안하고 이를 통해 세상을 변화시키고자 하는 열망을 가지는 경우가 많다. 이들은 감정이나 분위기보다는 이성이라는 기준에 기반하여 상황을 판단하기 때문에, 때로는 타인의 감정을 충분히 고려하지 못하거나 인간관계에서 다소 냉정하게 보일 수 있다. 그러나 이러한 성향은 복잡한 문제를 해결하는 과정에서 본질적인 원인을 발견하고 이를 선택적으로 배제하는 데 있어 큰 강점이 된다.

또한, 개방적 사고를 추구하는 사람들은 독립적인 성향이 강하다. 이들은 타인에게 의존하기보다는 스스로의 능력을 믿고 스스로 해결책을 찾는 것을 선호하며, 이에 따라 자기 주도적으로 학습하고 성장하는 것을 중요하게 여긴다. 그러나 이들은 때로는 지나치게 분석적이어서 현실적인 제약을 간과하거나, 타인의 감정적인 요구를 무시하는 경향이 있을 수 있다. 또한, 완벽주의적인 성향으로 인해 결과가 자신이 기대한 수준에 미치지 못할 경우 실망하거나 좌절할 수 있다.

개방적 사고 맞춤형 전략

● 지적 자극과 도전 자극

개방적 사고 성향이 강한 사람들은 도전적인 문제와 지적 자극에서 흥미와 에너지를 얻는다. 이들을 해킹하기 위해서는 그들에게 복잡하고 해결하기 어려운 문제에 대한 분석을 요청하고, 이를 해결하기 위한 자율성을 제공하는 것이 좋다. 예를 들어, 새로운 프로젝트나 창의적인 해결책을 요구하는 문제를 맡기고, 이들이 스스로 지식을 탐구하며 프로젝트에 도전할 수 있도록 지원하는 것이 좋다. 이를 통해 이들은 자신의 능력을 최대한 발휘할 수 있으며, 도전적인 과제를 통해 성취감을 느끼고 더욱 열정적으로 임하게 된다.

● 논리적 토론과 독립적인 작업 환경 제공

개방성이 높은 사람들은 다양한 공상과 상상을 좋아한다. 또한, 논리성과 합리성을 추구하는 사람들은 인과관계를 찾아가는 토론에 흥미를 느낀다. 이 2가지 성향을 모두 가진 이들은 자신의 사고 과정을 인정받고, 논리적인 피드백을 받을 때 큰 동기 부여를 느끼게 된다. 이들을 해킹하려면 특정 주제로 대화와 토론을 통해 그들의 아이디어와 접근 방식을 듣고, 이에 대해 논리적으로 피드백을 제공함으로써 이들의 흥미를 유발할 수 있다.

또한, 독립적으로 일할 수 있는 환경을 제공하여 그들이 자신의 속도와 방식대로 문제를 해결할 수 있도록 하는 것도 효과적이다. 이들은 자신만의 독창적인 워크 플로우(work flow)에 따른 작업 방식을 선호하며, 자율적으로 일할 때 가장 큰 성과를 낼 수 있으므로 불필요한 간섭을 줄이고 독립성을 보장하는 것이 좋다.

비전적 상상

비전적 상상 성향을 가진 사람들은 미래에 대한 명확한 비전을 가지고 장기적인 목표를 달성하기 위해 끊임없이 계획하고 행동하는 것을 좋아한다. 이들은 직관적이며, 주어진 상황에서 가능성을 포착하고 미래에 대한 전략을 수립하는 데 열정을 느낀다. 따라서 복잡한 상황에 직면하더라도 명확한 방향을 설정하고 이를 달성하기 위해 체계적인 접근을 선호한다. 이들은 대체로 자신감이 있으며, 목표 달성을 위한 결단력과 추진력이 강하다.

개방성이 높고 결정지향성이 높은 사람들은 아직 오지 않은 미래에 대한 직선적이고 비전적인 결단을 내리는 데 거리낌이 없다. 기본적으로 현재보다 미래를 중시하는 편이며, 가치판단에 있어서 시간의 흐름을 고려하기 때문에 장기적으로 지속이 가능한 결정을 선호한다. 또한, 인과관계에 따른 개연성을 기반으로 추리하길 선호하기 때문에, 특정 현상에 대해 원리를 궁금해하거나 의도나 목적에 호기심을 갖는다. 이처럼 연속적인 시간을 고려하게 되면 방향성, 지속 가능성, 성장, 발전 등의 요소에 초점을 맞추게 되는데, 이러한 비전 중심적인 가치관은 미래 지향적인 추진력을 갖는 결과로 이어진다.

인간해킹

비전적 개방성은 거시적 관점으로 세상을 바라보고 큰 그림을 이해하려는 노력으로 나타난다. 이 과정에서 세부적인 요소들을 고려하면서도 최종 목표를 향해 나아가는 모습이 나타난다. 이들은 새로운 아이디어를 어떻게 현실화할 수 있는지 그 방향성과 방법론을 찾고자 하며, 혁신적인 방법을 통해 기존의 한계를 뛰어넘고자 한다. 이러한 경향성은 스스로의 직관과 비전에 강한 확신을 가지게 만들며, 이는 복잡한 문제를 해결하거나 새로운 가능성을 완성해 나가는 것에 헌신하고 몰입하는 원동력이 된다.

이들은 자신이 설정한 목표를 달성하기 위해 장기적이고 비전적인 계획을 세우며, 변화와 불확실성 속에서도 흔들리지 않고 목표를 추구하는 경향이 있다. 그러나 이러한 성향으로 인해 때로는 지나치게 목표 지향적이 되어 타인의 의견을 무시한다거나, 주변 사람들의 의견을 충분히 수용하지 못하는 경우가 있을 수 있다. 또한, 자신의 비전에 대한 확신이 강하기 때문에 다른 사람들과의 협력에서 어려움을 겪거나 완고해 보일 수 있다.

비전적 상상 맞춤형 전략

● 명확한 목표와 자율성 보장

비전적 상상을 선호하는 사람들은 명확한 목표와 이를 달성하기 위한 자율성을 부여받았을 때 가장 큰 동기 부여를 느낀다. 이들을 해킹하기 위해서는 그들과 함께 장기·중기·단기적으로 서로 연결된 구체적인 목표를 협의하고, 이를 달성하기 위해 자신만의 방식대로 계획을 세울 수 있는 자율성을 주는 것이 효과적이다. 예를 들어, 프로젝트의 10년 뒤, 3년 뒤, 6개월 뒤의 목표를 명확하게 논의하고, 각목표를 달성하는 방법은 자유롭게 선택하도록 하면 이들은 자신의 상상력과 직관력을 동원해 비전적이고 일관된 전략을 수립함으로써 목표를 이루기 위해 노력할 것이다. 이는 그들이 자신의 비전을 실현하는 과정에서 느낄 수 있는 큰 동기와 효능감을 이용하는 효과적인 방식이다.

● 비전 플랜 개발 협력

비전적 결단을 좋아하는 사람들은 자신의 직관과 비전에 대해 확신을 갖지만, 이를 현실화하는 과정에서 구체적인 피드백이 필요하다. 비전이라는 것은 그저 방향성이자 지향점일 뿐, 주 혹은 일 단위로 어떤 활동을 해야 하는지는 포함되어 있지 않은 경우가 많기 때문이다. 이들을 해킹하기 위해서는 그들의 아이디어에 대해 구체적이고 실용적인 피드백을 제공하는 것이 중요하다. 예를 들어, 매우 혁신적인 비전과 포괄적인 아이디어를 주장한다면, 이를 현실적으로 구현하는 데 필요한 단계들을 제시하는 것이다. 이를 통해 그들이 자신의 비전을 구체화하고 실현하는 데 필요한 디테일을 확보할 수 있다. 또한, 실행 과정에서 필요한 자원을 제공하거나, 그들이 직면한 도전에 대해 미처 생각하지 못한 것들을 함께 모색해 주는 것도 큰 도움이 된다. 그들의 직관과 비전을 체계화하는 데 도움을 준다면 이들은 더욱 자신감을 가지고 강력한 힘으로 목표를 달성해 나갈 수 있다.

확장적 상상

확장적 상상 성향을 가진 사람들은 새로운 아이디어와 가능성에 대해 훨씬 개방적이며, 다양한 관점에서 문제를 바라보고 생각지도 못했던 방식으로 해결하려는 경향이 있다. 이들은 세상의 변화에 민감하고, 기존의 규칙이나 편견을 뛰어넘는 방법을 탐구하며, 끊임없이 새로운 것을 탐색하려 한다. 또한, 미래에 대한 개방적 태도를 가지고 있으며, 정해진 틀에 얽매이기보다 자유로운 사고를 통해 창의적이고 독창적인 해결책을 떠올리는 걸 즐긴다.

개방성과 더불어 적응지향성이 높기 때문에, 대체로 유연하고 적응력이 뛰어나며, 예측할 수 없는 상황에 직면하더라도 쉽게 적응한다. 이들은 정해진 계획보다는 즉흥적이고 자유롭게 진행되는 환경을 선호하며, 새로운 아이디어를 현실에 적용하는 과정에서 에너지를 얻는다. 이들은 문제 해결을 위해 더 확장적인 접근 방식을 시도하며, 복잡한 상황에서도 순간적으로 기회를 찾아내고 가능성을 모색하는 데 능하다. 이러한 특징은 이들이 혁신적이고 창의적인 환경에서 뛰어난 성과를 내는 데 기여한다.

개방성 특유의 폭넓은 호기심과 상상력으로 인해 새로운 아이디어, 새로운 사람, 새로운 가능성에 쉽게 흥미를 느끼는 편이다. 또한, 특별한 목적이 없더라도 탐색하고자 하는 욕구가 강하며 체험과 모험을 통해 삶의 원동력을 얻는다. 다만 고리타분하고 통제적인 환경에서 스트레스 관리에 어려움을 겪을 수도 있으며, 반복되고 따분한 일들을 미루거나 회피하려는 모습이 나타날 수도 있다. 또한, 때때로 지나치게 이상적이거나 계획의 구체성이 부족하여 장기적인 목표를 달성하는 데 어려움을 겪을 수 있으며, 일관성을 유지하거나 지루한 일을 반복하는 것을 힘들어할 수 있다. 더불어 새로운 아이디어에 대해 지나치게 확장적으로 접근하여 현실적인 문제를 간과할 수도 있다.

확장적 상상 맞춤형 전략

● 아이디어의 구조화 제공

확장적 상상을 좋아하는 사람들은 다양한 아이디어를 자유롭게 탐구하고 제시하는 과정에서 즐거움과 몰입감을 느낀다. 그러나 이렇게 흥미로운 생각들은 당장 실행하기에는 무리가 있는 경우가 많다. 아직은 모호하고 포괄적인 원형의 아이디어를 세부적으로 구조화하는 과정은 이들에게도 그리 쉽지만은 않은 작업이다. 이들을 해킹하기 위해서는 이들의 새로운 아이디어를 더 세부적으로 정리하고 구조화하는 작업에 참여하는 것이다. 예를 들어, 자유로운 대화를 나누던 중 나온 사업 아이템에 관해 이를 실행 가능한 수준의 사업 기획안으로 발전시키는 것을 도와주는 것이다. 이처럼 자유롭게 떠올린 무형의 아이디어를 구체적으로 정리하는 과정을 돕거나 대신해 줌으로써, 확장적 상상을 선호하는 사람들은 자신의 창의적인 사고를 더욱 발전시키고, 이를 현실적인 목표로 전환할 수 있는 동기를 얻게 된다.

● 자유로운 브레인스토밍 참여

개방성이 높고 적응지향적인 사람들은 자유롭게 상상하고 이를 아무렇게나 늘어놓곤 한다. 다만, 반드시 실현하고자 하는 의지로 브레인스토밍에 임하지는 않는다. 그저 의미 없는 것처럼 들릴지도 모르는 공상일지라도 이들에게는 그것이 흥미와 자극을 주기 때문이다. 그러나 비개방적이고 단호한 사람들은 이들의 자유로운 브레인스토밍에 대해 부정적으로 반응하거나 염세적인 어조로 대응할 가능성이 높다. 또한, 대부분의 사람들은 현실적으로 가능하지 않은 그들의 이야기를 듣는 것에 지칠 수도 있다.

이러한 반응을 종종 겪어온 이들을 해킹하기 위해서는 그들이 내뱉은 아이디어를 똑같이 자유롭게 공상하듯 발전시켜 보는 것이다. 예를 들어, "붕어빵 장사를 요구르트 아줌마처럼 하면 어떨까?" 하는 아이디어를 들었다면 이를 그저 부정적으로만 반응할 것이 아니라, "LPG통과 가스버너로 가열하는 구성에 반죽과 포장지 정도면 작은 카트로 충분하고, 출퇴근 동선에 드나들 수 있는 전동 카트의 원가는 약 500만 원 정도 잡으면 괜찮겠는걸? 카트 이름은 붕어카 어떤데?" 라고 언급하면서 함께 아이디어에 참여하는 것이다. 비록 이 아이디어가 당장 실천에 옮길 것을 가정하는 것은 아니지만, 이들에게는 함께 공상에 참여했다는 것만으로도 흥미와 동질감을 느끼게 되는 효과적인 반응이 될 수 있다.

비개방적 감성

 개방성이 낮고 감성적인 성향을 가진 사람들은 대개 안정적이고 실질적인 선택을 선호하고, 주변 사람들과의 협력적인 관계를 중요하게 여기는 경향이 있다. 이들은 대개 현실적인 문제들에 주의를 기울이며, 예측 가능하고 일상적인 경험 속에서 안정감을 찾는다. 이들은 사람들과의 실질적인 상호작용에서 배려와 따뜻한 유대감을 지향하며, 타인의 감정과 니즈를 잘 파악하고 이를 도우려는 성향이 강하다. 이들은 친근하고 현실적인 태도를 통해 주변 사람들에게 신뢰감을 주며, 주변 사람들의 요구에 기민하게 반응한다.

 이들은 집단에서 다수가 따르는 질서를 포함하여 사회문화적으로 전통적인 가치관에 순응하는 성향이 강하다. 또한, 규칙과 안정적인 환경을 선호하는 경향을 보인다. 사회적 상황에서 역시 무난하고 안정적인 대처를 선호한다. 이는 그들의 주관적인 감성을 추구하면서도 동시에 전통적인 틀을 벗어나지 않으려는 것이다. 대체로 일반적이고 상식적인 양식에 별말 없이 순응하거나 다수의 구성원이 행동하는 대로 따르는 경우가 많다. 이들은 새로운 아이디어나 혁신보다는 검증된 방식을 따르기를 좋아하며, 변화보다는 일상에서의 소소한 행복과 안정을 중시한다. 이들은 문제를 해결할 때도 복잡한 이론보다는 실용적이고 확실한 접근을 선호하며, 자신의 경험을 바탕으로 결정을 내리는 경향이 있다. 타인과의 관계에서 정서적 유대를 중요하게 생각하기 때문에, 다른 사람들에게 도움을 주고 그들이 잘 지낼 수 있도록 지원하는 것에서 만족을 느끼기도 한다.

비개방적인 성향이 강할수록 사실적이고 현실적인 정보를 더 신뢰하는 편이며, 일반적인 가치에 본인의 판단을 의탁한다. 그러나 타인과의 이해관계 역시 중요하게 생각하기 때문에 이해관계가 있는 사람에게는 관대하고 동정적이지만 그렇지 않은 경우엔 단호한 모습을 보이기도 한다. 즉, 이해관계가 있는 사람에 대해 훨씬 많은 가치를 부여하며, 친밀한 사람이나 조직 구성원들과의 신뢰와 협력을 중시한다고 볼 수 있다.

한 번도 해본 적이 없는 일을 해야 할 때 인터넷이나 주변 사람들의 조언 중에서 가장 실행하기 쉬운 것을 채택하는 편이다. 이는 손쉽게 접근 가능한 정보를 채택하거나 주변 사람들의 공통적인 판단을 따르는 본능에 기인한다. 실제로 명성과 입소문에 민감하거나 당장 실행할 수 있는 실질적이고 실용적인 해결책을 선호하는 경향을 보인다. 다만 불확실한 미래와 같이 참고할 만한 경험이나 사료가 없는 대상에 대해 상상력을 발휘해야 할 때 자신감을 갖기 어려울 수 있다.

비개방적 감성 맞춤형 전략

● 안정적이고 예측 가능한 디렉팅 제공

현실주의적이면서도 자신만의 감성을 추구하는 이들은 비약적인 변화보다는 익숙하고 예측 가능한 환경에서 가장 잘 적응하고 성장한다. 이들을 해킹하기 위해서는 안정적인 환경을 제공하고, 변화가 필요할 때는 이를 사전에 충분히 설명해 주는 것이 효과적이다. 예를 들어, 큰 변화가 예정되어 있다면 그 변화를 단계별로 설명하고, 그 변화가 가져올 긍정적인 결과에 대해 구체적으로 이야기해 주는 것이 좋다. 특히 부탁을 하거나 업무를 지시할 때, 참고할 만한 사례나 과거 데이터를 보여주며 구체적인 지시를 하는 것이 좋다. 너무 모호하거나 대충 말하게 된다면, 이들은 어디서부터 어디까지 본인의 책임인지 혹은 어디에 비추어서 스스로 업무를 잘하고 있다고 판단할지 그 기준을 알 수 없게 된다. 이러한 상황에서 이들은 매우 불안정해지고, 동기 부여가 떨어지는 경험을 하게 된다. 결국, 비개방적 감성 성향의 사람들을 해킹할 때는 처음 해보는 것에 대해 덜 불안해할 수 있는 장치를 마련하는 것이 효과적이며, 새로운 상황에서도 차분하게 적응할 수 있는 데 도움이 된다. 또한, 이들에게 일상적인 루틴을 유지할 수 있도록 배려해 준다면, 이들은 자신의 역할을 더 잘 수행하며 안정감을 느낄 수 있다.

● 감정적 지지와 교감 제공

이들은 타인의 감정에 민감하며, 자신이 타인에게 도움이 되고 있다는 느낌을 받을 때 큰 동기 부여를 얻는다. 이들을 해킹하려면 그들이 한 일에 대해 칭찬을 포함한 긍정적인 피드백을 제공하고, 그들의 노력이 다른 사람들에게 어떤 긍정적인 영향을 미쳤는지 알려주는 것이 중요하다. 예를 들어, 그들이 맡은 일을 잘 수행했을 때 단순히 "잘했어."라고 말하는 것보다, "네가 이 일을 잘해줘서 내가 마음 편안하게 출장을 다녀올 수 있었어."라고 구체적으로 피드백을 주는 것이 좋다. 또한, 표정이 안 좋아 보이면 커피를 한 잔 건네며 말을 걸어본다거나, 우울한 일이 있을 때 감정적인 지지를 제공함으로써 사교적이고 인간적인 교감을 하는 것은 이들의 마음을 얻는 데 매우 큰 효과가 있다.

비개방적 사고

비개방적 사고 성향을 가진 사람들은 체감이 확실한 근거를 가지고 실용적으로 접근하여 문제를 해결하며, 안정성과 예측 가능성을 중시하는 경향이 있다. 이들은 매우 현실적인 태도와 함께 검증된 사실을 중요하게 여기고, 실질적인 경험을 바탕으로 결정을 내리는 것을 선호한다. 이들은 사사로운 감정보다는 사실과 데이터를 기반으로 상황을 판단하며, 명확한 사고방식을 통해 문제를 해결하는 것을 좋아한다. 또한, 명확한 지침과 목표가 있을 때 가장 편안함을 느끼며, 구조화된 환경에서 높은 성과를 낸다.

무형의 아이디어에 관심을 갖는 높은 개방성에 반해, 낮은 개방성은 이미 알려진 유명한 사실을 중심으로 보수적으로 접근하는 것을 선호한다. 이러한 정보들은 대개 과거에 이미 발생했던 사례가 있거나, 현실적으로 체감이 쉽다는 특징을 갖는다. 그래서 직접 체감한 경험이나 객관적으로 검증된 기준을 가지고 판단을 내린다. 따라서 비개방적 감성 성향과 유사하게 비약적인 변화보다는 검증된 방법을 통해 안정적인 결과를 추구하며, 역시 실용적이고 신뢰할 수 있는 방식으로 일을 진행하는 편이다.

뭐든 확고한 기준을 가지고 판단하는 성향 때문에 특정 사안에 대해 엄격해 보이곤 한다. 또한, 업무 처리에서 명확한 규칙이나 구체적인 업무 지시가 주어지지 않으면 일을 수행하는 데 있어 불편함을 느낀다. 이처럼 비개방적 사고 성향의 사람들은 정해진 틀 안에서 활동하길 좋아하고, 조직에서 맡은 역할에 충실하며, 정해진 절차대로 성실히 노력하는 경향이 있다.

그러나 지나친 변화에 대한 저항이 강하며, 새로운 아이디어나 혁신적인 접근을 필요로 하는 상황에서 어려움을 겪을 수 있다. 더불어 직접 경험해 본 바가 없거나 지나치게 도전적인 생각들에 대해서도 부정적으로 반응하는 편이다. 이들은 새로운 방식이나 변화에 열려 있기보다는 기존의 틀 안에서 안전하게 행동하려는 경향이 있으며, 이는 창의성이나 유연성을 요구하는 상황에서 한계를 드러낼 수 있다. 또한, 이들은 때로는 타인의 감성이나 비전보다는 사실과 논리에 집중하기 때문에, 인간관계에서 다소 건조하거나 냉정하게 보일 수 있다.

비개방적 사고 맞춤형 전략

● 현실적이고 명확한 지침 제공

비개방성이 높고 구체지향적인 사람들은 현실적이고 명확한 지침을 받아야 동기 부여를 느낀다. 이들을 해킹하기 위해서는 그들에게 명확한 방식으로 지침을 전달하는 것이 좋다. 예를 들어, 20년 뒤 미래 기술에 관한 신문 기사를 보며 "이런 거 한번 해볼까?"와 같은 제안은 그들에게 비현실적으로 다가올 것이다. 차라리 "미래 기술 동향에 관한 유명한 신문 기사 10개 스크랩하고 A4 한 장에 보고서 작성해서 금요일 오후 3시까지 갖다줘."라고 지시한다면, 이들에게는 언제까지, 무엇을, 어떻게, 왜 해야 하는지 등에 대해 명확하게 이해할 수 있어 훨씬 빠르게 업무에 착수할 수 있을 것이다.

● 현실적인 목표 설정

이들은 단순히 보수적인 것이 아니라, 해당 목표가 과연 정말로 도움이 되는 실효성이 있는지를 따지는 성향이 있는 것이다. 그래서 너무 개방적이고 모호한 목표에 쉽게 동기화되지 못한다. 이들을 해킹하려면 현실적으로 도움이 될 수 있는지에 쉽게 공감이 가능한 목표를 제공하는 것이 좋다. 설령 그렇지 않더라도, 팩트와 실제 사례 등을 통한 구체적인 설득이 필요하다. 현실적인 목표 설정은 이들에게 목표를 향해 노력해야 하는 수고로움을 자발적으로 감수할 수 있게 만드는 효과가 있으며, 안정적이고 예측 가능한 방식의 수행 과정으로 연결되어 이들이 불안함 없이 자신의 능력을 발휘할 수 있게 된다.

현실적 결정

현실적 결정 성향을 가진 사람은 개방성이 낮다는 특징으로 인해 안정성과 예측 가능성을 중요시한다. 더 나아가 미리 결정하고 판단하려는 본능이 강하기 때문에 계획적이고 일관성 있게 행동하는 경향이 있다. 이들은 신뢰할 수 있는 방식에 따라 일을 진행하고, 실질적인 결과를 얻기 위해 구체적인 계획을 세우는 것을 선호한다. 일반적으로 전통적인 가치와 규칙을 존중하며, 안정적이고 예측 가능한 환경에서 가장 편안함을 느낀다.

이들은 대체로 현실에 초점을 맞추며, 실용적이고 구체적인 정보에 기반해 결정을 내린다. 이들은 변화를 추구하는 것보다는 안정적인 상태를 유지하는 것을 선호하며, 어수선하고 낯선 상황보다는 익숙하고 검증된 방식을 따르는 경향이 있다. 이러한 성향은 이들이 조직 내에서 안정적인 역할을 수행하고, 중요한 일들을 책임감 있게 처리하는 데 도움을 준다. 또한, 조직에서 자신에게 요구된 책무에 충실하려는 태도가 강하기 때문에 의무의 성실한 수행에서 비롯된 책임감 역시 두드러진다. 더불어 자신의 역할을 충실히 수행하는 과정에서 규칙과 절차를 준수하는 것을 당연하게 여기는 모습을 보인다.

낮은 개방성은 자연스럽게 안전하고 확실한 의사결정을 선호하는 성향으로 나타난다. 모호하고 불확실한 비전보다는 변하지 않는 확실한 근거에 집중하는 식이다. 일반적으로 검증된 데이터 혹은 권위 있는 전문가의 의견을 참고하는 경향이 강하며, 이러한 근거들은 대개 쉽게 신뢰하기 좋다는 특징을 가지고 있으며 전통적인 가치판단에 근거하는 경우가 많아 보수적인 것처럼 비춰질 가능성이 높다. 이러한 성향은 불확실한 변수를 최대한 배제함으로써 예측 가능한 결과를 미리 확보하려는 의도가 있다고 볼 수 있으며, 모험보다는 구체적이고 안정적인 목표를 추구하는 행동으로 드러난다. 예를 들면 전문직, 대기업, 명문대 등 체감이 가능한 가치를 갖고 있으면서도 달성하기 위한 절차가 확실하게 알려져 있고, 절차대로만 간다면 목표 달성을 기대할 수 있는 선택할 확률이 높다. 그러나 꼭 도전적인 목표를 싫어하는 것은 아니기 때문에, 아무리 난도가 높아도 위험과 보상이 확실하다면 과감하게 도전하는 경우도 있다.

그러나 현실적 결정 성향이 높은 사람들은 변화나 불확실한 상황에 대해 저항감을 느끼며, 새로운 아이디어나 혁신적인 접근을 필요로 하는 상황에서 혼란을 겪을 수 있다. 이들은 반드시 해야만 하는 상황이 아니라면 급격한 변화에 노출되는 것을 선호하지 않으며, 새로운 방법을 시도하는 것보다는 기존의 방식을 고수하려는 경향이 있다. 이러한 성향은 창의성이나 유연성을 요구하는 상황에서 한계를 드러낼 수 있다.

현실적 결정 맞춤형 전략

● 계획의 급격한 변경 자제

개방성이 낮고 결정지향적인 사람은 안정적인 환경과 명확한 구조 속에서 가장 잘 적응하고 성과를 낸다. 특히, 결정지향성이 높은 상태에서 개방성까지 낮으면 더더욱 그러하다. 이들은 예측이나 계획을 할 수 없는 상황에 놓이는 것을 재앙으로 여기며, 이에 대해 이루 말할 수 없는 불만과 불편함을 느낀다. 이들을 해킹하기 위해서는 그들에게 명확한 목표와 구조화된 계획을 제공하는 것이 중요하다. 더 나아가, 이 계획을 충동적으로 혹은 급격히 변경하지 않도록 노력해야 한다. 위기 상황이 온다면 어쩔 수 없겠지만, 앞뒤 사정에 대한 설명도 없이 갑작스러운 업무 지시나 계획 변경은 큰 스트레스를 느낄 수 있으며 업무 효율성의 급격한 저하로 이어질 수 있다.

● 미리 준비, 미리 계획

비개방적 결정 성향이 강할수록 미리 준비하고 미리 계획하는 것이 습관화되어 있다. 이들은 어떤 필요를 느끼면 아무 준비 없이 그냥 시도하는 법이 없다. 예를 들어 해외여행이나 연간 행사와 같이 사안이 중대하거나 적지 않은 비용이 수반되는 프로젝트라면 더욱 그러하다. 그래서 이들에게 어떠한 프로젝트를 제안하려면 웬만하면 시간적 여유를 갖고 미리 의사를 타진하는 것이 좋다. 또한, 아무리 시간이 오래 남았어도 미리 조사하고 자료를 모아 계획의 초안을 만듦으로써 이 프로젝트에 몰입할 수 있도록 유도하는 것도 좋은 해킹 방법이다.

현실적 적응

현실적 적응 성향을 가진 사람들은 현재에 집중하며, 유연하고 즉흥적인 행동을 통해 문제를 해결하는 경향이 있다. 이들은 변화와 다양한 경험을 즐기며, 상황에 따라 빠르게 적응하는 데 거리낌이 없다. 또한, 대체로 현실적이고 실용적인 방식으로 상황을 판단하며, 복잡한 이론보다는 실질적인 해결책을 선호한다. 이들은 새로운 상황에서도 어떻게든 나아가며, 순간의 기회와 가능성을 감지하고 포착하는 본능이 있다.

개방성이 낮긴 하지만 적응지향성이 높기 때문에 구조화된 계획보다는 유연한 접근을 선호하며, 현실적인 정보들을 활용해 즉각적인 결정을 내리는 것을 좋아한다. 이들은 주변의 세부적인 요소들을 관찰하고, 현재의 상황을 가장 잘 활용할 수 있는 방법을 찾아내는 데 능숙하다. 대체로 모험적이고 탐험적인 성향을 지니고 있어, 새로운 도전이나 예측할 수 없는 상황에서도 적극적으로 임하는 경향이 있다. 이러한 특징은 이들이 낮은 개방성 심리 모델 중에서 가장 개방적이면서도 독립적인 모습으로 나타나는 이유를 설명한다.

그러나 현실적 적응 성향의 사람들은 장기적인 계획을 세우거나 일관된 목표를 지속적으로 추구하는 데 어려움을 겪을 수 있다. 이들은 현재에 집중하기 때문에 장기적인 목표를 달성하는 데 필요한 인내심이 부족할 수 있으며, 계획보다는 그때그때의 상황에 맞춰 행동하려는 경향이 있다. 이러한 성향은 때로는 목표 달성에 있어 일관성을 유지하는 데 한계를 드러낼 수 있으며, 중요한 결정을 내릴 때 충분히 고려하지 못하고 즉흥적으로 행동할 위험도 있다.

비개방성이 높을수록 이러한 즉흥성 속에서도 현실성과 실용지향성이 나타난다. 물론, 개인적인 경험에 따라 생각이 자주 바뀌는 모습을 보이기도 한다. 체감되는 변화에 쉽게 자극받기 때문에 스스로 직접 확인한 내용을 더 신뢰하는 경향이 강하며 사람이나 사물의 상태 변화를 본능적으로 의식한다. 특히 눈치를 보면서도 티가 나지 않게 지켜보며 상황을 파악하는 경우가 많은데, 이는 상황을 지속해서 인식하려는 무의식적인 의도가 담겨 있다. 다만 체감할 수 있는 요소들의 변화에 따라 기존의 판단이 쉽게 번복될 수 있다는 점에서 다소 우유부단한 모습으로 비칠 수도 있다.

현실적 적응 맞춤형 전략

● 체감이 확실한 사례 제시

이들은 현실적이고 실용적인 것들을 추구하지만, 그렇다고 미리 내린 결정을 고집하기 위해 많은 시간과 노력을 쏟아붓지는 않는다. 그래서 이들을 해킹하기 위해서는 반드시 체감이 확실한 사례를 제시해야 한다. 직접 눈으로 보고 귀로 듣고 손으로 만질 수 있는 체감이 가장 확실하기 때문에, 무언가를 구매하길 원한다면 직접 그 효과를 느낄 수 있게 하는 것이 가장 확실한 설득 방법이 될 수 있다. 이 외에도 최소한의 데이터에 근거한 실제 입증 사례라든지, 신뢰할 만한 사람의 확신에 찬 의견으로도 그들은 기존의 입장과 결정을 번복할 충분한 근거로 삼을 수 있다. 비록, 아무리 논리적으로 확실한 근거가 있더라도 그것이 너무 이론적이거나 먼 미래에나 체감할 수 있다면, 이들은 쉽게 동의하지 않을 확률이 높다.

● 유연하고 자유로운 환경 제공

이들은 엄격하게 정해진 틀보다는 스스로 자유롭게 선택할 수 있는 환경에서 최고의 성과를 낸다. 이들을 해킹하려면 이들에게 유연한 인프라와 다양한 선택지를 제공하는 것이 효과적이다. 예를 들어, 특정한 목표를 달성하기 위한 여러 가지 방법을 제시하고, 그중에서 자신이 가장 선호하는 방법을 선택하도록 하면, 스스로 선택한 방법에 애정을 갖고 더욱 열정적으로 임하게 된다. 또한, 작업을 진행하는 데 있어 적정 수준의 권한과 자율성을 준다면, 이들은 기한 내에 자신의 역량을 발휘하고 적시에 최선의 결정을 내릴 수 있다.

CHAPTER 8

결정과 실행
심리 모델

결정과 실행
심리 모델

『인간해킹』의 여덟 번째 챕터 결정과 실행 심리 모델은 한 인간이 무언가를 결정하고 이를 실행에 옮길 때의 기본적인 전략을 결정할 때 보이는 서로 다른 양상에 대해 다룬다. 결정과 실행은 인간 행동의 중요한 2가지 기둥이며, 각각의 성향에 따라 행동 방식과 목표 달성의 전략이 크게 달라진다.

세상의 모든 존재에게는 입력(input)과 출력(output)이 존재한다. 인간에게 입력(input)은 정보를 탐색하고 이를 기억하는 행위 등을 모두 포함한 개념이 된다. 그리고 출력(output)을 위해 인풋을 해석하고 의견과 계획으로 가공하게 된다. 이번 챕터에서는 이 과정을 거쳐 우리가 직접적으로 행동에 옮기는 '결정과 실행'이라는 최종 단계에 초점을 맞춘다.

인간은 태어나서 젊은 시절에 이르기까지 최소 수천에서 수만 가지가 넘는 과업을 수행한다. 이들은 모두 성격과 목적이 다르며, 수행되는 장소와 비용 역시 판이하게 다를 것이다. 그러나 한 사람이 진행한 과업만 따져본다면, 전체 데이터를 분석했을 때 분명 반복되는 패턴이 존재할 것이다. 우리는 이 패턴을 면밀하게 분석할 수 있는 기본적인 심리적 통찰과 지식을 가지고 이면의 심리적 역동을 추적할 수 있다. 이 과정을 거친다면 자신의 생산성에 대한 그동안의 막연한 불만과 만족을 이해할 수 있고, 더 나아가 타인의 결정과 실행 방식에 대해 더 사려 깊은 포용과 생산적인 조언이 가능하게 될 것이다.

섬세한 결정자

섬세한 결정자 성향이 높은 사람들은 타인의 감정을 파악하려는 본능이 강하고, 인간관계를 조화롭게 유지하고 보수하는 데 집중하는 경향이 있다. 이들은 대체로 사람들과의 상호작용에서 온정과 배려를 중요하게 여기며, 다른 사람들에게 긍정적인 영향을 미치는 것을 미덕으로 여긴다. 더불어 타인의 요구를 기민하게 감지하고, 그에 맞춰 행동하려는 성향이 강하다. 이들은 확실한 계획에 따라 과업을 수행하는 데 적극적으로 협력함으로써 목표를 달성하는 것을 선호하며, 대인관계에서 책임감 있게 행동하려는 의지가 뚜렷하다.

기본적으로 섬세하고 감성적인 면이 있어, 호의적이고 조화로운 관계를 선호한다. 사람들과 우호적인 관계를 형성하기 위해 본능적으로 상대방의 니즈에 관심을 갖는다. 그래서 함께하는 사람들이나 소속 집단의 성향을 헤아리고 이를 반영한 의사결정을 좋아한다. 상대방의 눈치를 보거나 장단을 맞춰줘야 할 것 같은 기분을 자주 느낀다. 분위기에 예민하면서도 물 흐리기는 싫어하기 때문에, 뭔가 불편한 상황에서도 애써 명랑하고 온화하게 행동하려는 본능이 강하다. 이러한 본능은 모두 인간관계와 집단 분위기를 조화롭게 유지하지 않으면 안 된다는 불안에서 출발한다. 자신에게 주어진 책임을 충실히 이행하며, 다른 사람들에게 도움이 되는 것을 기쁨으로 여기는 것 역시 같은 맥락으로 해석할 수 있다. 이러한 성향 덕분에 이들은 공동체나 팀 내에서 중요한 역할을 맡으며, 사람들을 이끄는 데 있어 우호적인 리더십을 발휘할 수 있다.

섬세하지만 결정지향적이라서 타인의 성향을 미리 예단하고 이를 사전에 고려하여 행동하려는 경향을 보인다. 그러나 타인의 감정이나 니즈를 눈치만으로 파악하는 것은 매우 어렵기 때문에 이들은 속내를 알 수 없는 사람에 대해 왠지 모를 위화감을 느끼곤 한다. 누구에게도 흠을 잡히고 싶지 않으며, 정확히 알 수 없는 사람들의 속마음을 거스르고 싶지 않다는 강박으로 인해 예의, 상식, 규칙, 약속 등과 같이 일반적인 규범에 많은 가치를 부여한다. 반대로 말하면, 이러한 요소들을 무시하고 분위기를 망치는 사람에 대해 냉정하며 단호하다.

인간관계에 있어 신중하고 섬세한 결정들을 내리고, 이를 수행하다 보면 때때로 타인의 기대에 지나치게 민감하게 반응하여 자신의 필요를 소홀히 할 수 있다. 또한, 이들은 갈등 상황을 피하려는 경향이 있어, 자신의 의견을 명확하게 표현하지 못하거나 타인의 요구를 우선시하면서 자신의 감정을 억누를 수 있다. 이러한 부분은 이들이 따뜻하고 온화한 겉보기와는 다르게 속에 상처와 불안이 누적되는 문제의 원인이 된다.

섬세한 결정자 맞춤형 전략

● 안정적이고 따뜻한 태도 유지

이들은 예단하고 속단하려는 성향이 강하다. 이러한 성향은 이들이 집단생활에서 생존하는 가장 중요한 수단이며, 결코 쉽게 포기할 수 없는 본능이다. 이들을 해킹하기 위해서는 속단하고 예단하기 쉬운 상태를 유지해야 한다. 기본적으로 우호적이고 조화 지향적이기 때문에, 이들에게 따뜻한 태도로 일관하며 항상 배려하는 모습을 보여줄 필요가 있다. 기분에 따라 공격적으로 돌변한다거나, 제멋대로 구는 등 예측할 수 없는 불안정한 모습을 보인다면 이들의 신뢰를 얻는 것은 요원한 일이 될 수 있다.

● 분명한 계획과 비전 제시

섬세한 결정자들은 특유의 결정지향성 때문에 무언가를 계속 판단하고 예측하려 한다. 그리고 그들이 주로 예측하려는 것들은 대부분 형체가 없는 모호한 분위기나 감정 혹은 감성들이다. 그래서 이들에겐 확신이 필요하며, 앞서 언급된 맞춤형 전략에서도 따뜻한 태도의 '유지'가 강조되었다. 그래서 이들에게는 분명한 계획과 비전을 제시하는 것이 해킹하는 데 매우 효과적이다. 만약 혼기가 찬 연인 관계라면 결혼에 대한 명확한 비전과 타임라인을 제안해야 한다. 만약 회사에서 협업을 해야 한다면 어떤 과정을 통해 어떤 목표를 달성하고 싶은지를 분명히 밝혀야 한다. 이들에게 항상 모호한 것들을 확실한 상태로 바꾸기 위한 노력은 평생 해온 일이면서도 항상 어렵고 부담스러운 일이었기 때문에, 본인에게 확신을 주는 대상에 대해 안도감과 고마움을 느끼게 된다.

감성적 협력자

감성적 협력 성향을 가진 사람들은 감성적으로 민감하며 타인의 감정과 필요의 변화를 캐치하여 이에 따라 기민하게 반응하려는 경향이 있다. 이들은 다른 사람과의 관계에서 따뜻함과 진심을 중시하며, 자유롭고 유연한 태도로 상황에 맞게 대처하는 것을 선호한다. 또한, 따뜻한 공감을 통해 타인과의 관계를 형성하고, 그 관계 속에서 자신의 가치를 느끼는 경우가 많다. 이들은 일반적으로 계획보다는 현재 주어진 상황과 자신의 감정에 따라 행동하는 것을 좋아하며, 순간의 영감에 의해 즉흥적으로 움직이는 경향이 있다.

섬세한 결정자처럼 주로 형태가 없는 느낌이나 촉과 같이 직감적으로 느껴지는 것들에 집중하며 이런 것들에 호기심을 가지고 접근한다. 그래서 기분이나 감정과 같이 직감적으로 감지되기 쉬운 요소들에 필요 이상으로 민감하게 반응하는 경우가 많다. 그러나 상대의 기분을 상하게 하고 싶지 않은 우호적인 성향 때문에 상대가 실제로 기분이 나쁘다고 하지 않더라도 지레짐작하여 눈치를 볼 때가 많다. 그래서 친구나 연인 혹은 직장 상사 등과의 관계에서 갈등이 생기는 것을 두려워하며, 당장 해결할 수 있는 문제임에도 일단은 방치하고 넘어가는 모습이 나타난다.

때로는 지나치게 타인의 감정을 고려하느라 자신의 필요를 무시하여 나중에 후회를 하게 된다거나, 타인의 감정을 배제한 의사결정을 내리는 데 어려움을 겪을 수 있다. 이들은 갈등을 피하려는 성향이 강해, 자신의 의견을 명확히 주장하지 못하고 타인의 요구에 맞추려는 경향이 있다.

감성이 풍부하고 적응지향성이 높으면 대체로 자유롭고 자발적인 성향을 지니며, 타인에게 친절하고 개방적인 태도를 보인다. 그래서 조직적이거나 강압적인 구조보다는 서로 존중받을 수 있는 환경에서 더 큰 성과를 낼 수 있다. 특히 통제적이고 압박 수준이 높은 환경에서는 심적으로 스트레스를 받거나 피로감을 느끼는 편이므로, 혼자만의 공간에서 사색하며 시간을 보낼 때 가장 편안함을 느낀다. 사색하는 동안 내적인 감정과 감상에 몰입하며 자의식이 강해지고, 자연스럽게 나만의 개성을 추구하는 결과로 이어지는 모습이 나타난다.

감성적 협력자 맞춤형 전략

● 감정적인 지지와 문제 해결 방향 제시

감성적 협력자들은 감정적인 지지를 받을 때 가장 큰 안도감과 감동을 느끼며, 이를 통해 자신감과 큰 동기 부여를 얻는다. 이들을 해킹하기 위해서는 그들의 감정을 존중하고, 그들이 하는 일에 대해 조심스럽고 진심 어린 지지를 제공하는 것이 효과적이다. 예를 들어, "네가 다른 사람들을 배려하는 태도는 결코 다른 사람이었다면 할 수 없을 정도로 훌륭해. 네 덕분에 많은 사람들이 힘을 얻고 있어. 나는 네가 없었다면 이미 이직했을 거야."와 같은 구체적인 피드백을 주면, 이들은 자신의 가치와 효능감을 느끼며 더욱 열심히 임하게 된다. 또한, 이들에게는 구체적인 해결책보다는 전반적인 방향성을 제시해 주는 것도 중요하다. 지나치게 구체적인 해결책은 이들의 자발성과 개성을 침해할 수 있기 때문이다. 그들의 자발성을 유지하면서도 확신을 가질 수 있는 정도의 해결 방향을 제시하는 것은 좋은 해킹 전략 중 하나이다.

● 다양한 선택지와 개방적 계획 제시

사람들은 확실한 해결책과 확고한 계획이 좋다고 생각하는 경향이 있다. 그러나 감성적 협력자들에게는 자신이 선택할 수 있는 자유가 있어야 훨씬 편안함을 느끼게 된다. 이들을 해킹하려면 명확한 목표를 설정하되, 그 목표를 달성하는 방법에 있어 다양한 선택지를 제공하는 것이 좋다. 예를 들어, 어떤 목표를 달성하기 위해 다양한 선택지를 제시하고, 그중에서 자신이 가장 편안하게 느끼는 방법을 선택하도록 하는 방법이 있다. 이들은 스스로 무언가를 선택할 수 있다는 유연한 상태에서 더 적극적으로 임하기 때문이다. 더 나아가 개방적 계획을 제공하여 그들이 상황에 따라 유연하게 계획을 변경할 수 있다는 믿음을 주는 것이 좋다. 이들 특유의 충동성과 즉흥성을 억제하기보다, 오히려 스스로 문제를 해결할 수 있는 역량으로 활용할 수 있는 환경을 조성하는 것은 훌륭한 전략적 선택이다.

전략적 기획자

전략적 기획자 성향을 가진 사람들은 논리적이고 체계적으로 계획을 세우며 목표를 달성하기 위해 결단력 있게 행동하려는 성질이 강하다. 이들은 효율적이고 결과지향적인 성향을 지니고 있으며, 목표를 달성하기 위해 구체적인 계획과 체계를 세우는 것을 선호한다. 전략적 기획자 성향들은 문제를 해결할 때 사사로운 감정보다는 논리와 사실에 근거하여 판단하며, 구체적이고 현실적인 접근 방식을 선호한다. 이들은 과업을 추진할 때 리더십을 발휘하며, 팀원들이 목표를 효과적으로 달성할 수 있도록 체계적으로 관리하는 일에 쉽게 적응한다.

별칭에서도 알 수 있듯 이들은 전략을 구성하고 기획하는 것을 좋아한다. 의사결정을 내릴 때도 구체적인 목표를 설정한 뒤 이를 달성하기 위해 체계적인 계획을 수립하여 질서정연하게 수행해야만 한다고 믿는다. 그래서 명확한 목표를 가지고 계획에 따라 효과적으로 추진할 때 안정감을 느낀다. 이 과정에서는 강한 결단력과 높은 책임감이 요구되기 때문에 다소 단호한 모습도 엿보인다.

전략적 기획자 성향들은 큰 그림을 보고 장기적인 목표를 설정하며, 이를 달성하기 위해 세부적인 계획을 세우고 추진하는 것을 중요하게 여긴다. 이들의 성향을 고려하면 조직적이고 체계적인 환경에서 가장 잘 적응하며, 규칙과 구조를 통해 안정감을 얻는다고 분석할 수 있다. 그래서 관리직이나 프로젝트 리더와 같은 역할에서 뛰어난 성과를 낼 수 있다.

그러나 이들은 때때로 지나치게 결과에만 집중하다 보니 타인의 감정을 충분히 고려하지 못하거나, 지나치게 엄격한 기준을 적용하여 유연성을 잃는 경우가 있을 수 있다. 이들은 목표 달성을 위해 때때로 주변 사람들에게 압박을 가할 수 있으며, 변화가 필요한 상황에서도 기존의 계획을 고수하려는 경향이 있다. 이러한 성향은 팀 내에서 갈등을 초래하거나 창의적인 해결책을 도출하는 데 장애가 될 수 있다.

전략적 기획자 맞춤형 전략

● 명확한 목표와 체계적인 계획 제안

전략적 기획자 성향의 사람들은 명확한 목표와 구체적인 계획이 있을 때 가장 큰 동기 부여를 받는다. 이들을 해킹하기 위해서는 목표를 명확히 설정하고, 그 목표를 달성하기 위한 체계적인 단계와 마감

일정을 함께 마련해 주는 것이 핵심이다. 또한, 목표 달성 과정에서 그들이 현재 어느 위치에 있는지를 알 수 있도록 정기적으로 피드백을 제공하는 것이 효과적이다. 예를 들어, "이 단계까지 매우 잘 진행되었고, 다음 주 월요일부터 수요일까지 다음 단계를 수행하고, 목요일에 리뷰 후 다음 단계로 넘어갈 수 있는지 그 여부를 결정하자." 같이 구체적으로 피드백하면, 이들은 자신의 진행 상황을 명확히 파악하고 더욱 열정적으로 다음 단계를 추진할 수 있게 된다.

● 큰 틀 안에서의 다양한 방법론 추천

이들은 체계적인 계획과 구조를 중요하게 여기지만, 때로는 변화에 유연하게 대응하는 것에 인색하다. 이들을 해킹하려면 그들이 설정한 목표는 그대로 두되, 이를 달성하는 다양한 방법을 브레인스토밍하여 이 중 현실적인 것들을 추천하는 것이다. 또한 추천하는 옵션 중에서 현재 상황에 맞는 최적의 방법을 선택할 수 있도록 유도한다면, 이들을 해킹하는 데 충분하다. 예를 들어, "이 목표를 달성하기 위해 내가 조사하고 연구한 접근 방식이 5개가 있는데, 현재 상황에 현실적으로 적용 가능한 2개를 추렸어. 한번 살펴보고 가장 적합한 방법을 선택해 보자."라고 제안하면, 전략적 기획자들은 자신의 논리적인 사고를 활용해 가장 효율적인 방법을 선택하게 된다. 이를 통해 이들은 자신의 체계적 성향을 유지하면서도 유연성을 발휘해 변화에 적응하는 데 도움을 줄 수 있다.

비평적 탐색자

비평적 탐색자 성향을 가진 사람들은 논리적이고 분석적인 사고를 통해 세상을 이해하고, 문제를 해결하는 데 있어 유연한 접근을 선호한다. 이들은 대체로 새로운 아이디어와 실용적인 해결책을 좋아하고, 기존의 틀에 얽매이지 않고 독립적으로 사고하려는 경향이 강하다. 문제를 해결하는 과정에서 객관적인 사실과 논리에 기반한 판단을 중요하게 생각하고, 복잡한 상황에서도 새로운 관점으로 바라보며 자신만의 독창적인 해결책을 찾아내곤 한다.

비평적 탐색자들은 논리적으로 앞뒤가 맞지 않아 이해할 수 없는 제안에 대해 비판적인 모습을 보이는데, 이는 논리적인 사고를 선호하며 상황에 따라 유연하게 판단하는 성향에 기인한다. 어떠한 사건이나 현상에 대해 검증하고 추론하려는 성향이 강하며, 이 때문에 종종 비평적인 모습으로 비치기도 한다. 과정과 서사의 인과관계에 논리적인 결함이 없는지를 따지기 때문에, 의사결정에서 다양한 아이디어들을 연관 지어 떠올리며 실제로 적용할 때의 여러 가지 변수들을 고려하게 된다. 특히, 앞뒤가 맞지 않는 말에 대해 의구심을 갖고 약한 연결고리를 포착하려는 본능이 강하다. 논리적인 분석을 통해 검증하는 과정에서 자기주장이 확고해 고집스러워 보일 수도 있지만, 실제로는 생각보다 유연하고 융통성 있는 사고방식을 발견할 수 있다.

이들은 호기심이 많고, 무언가 새롭게 채택하고 체험할 수 있는 아이템을 찾으려는 열망이 있다. 또한, 이들은 문제를 깊이 분석하고, 이를 통해 더 나은 해결책을 찾는 것을 즐기며, 종종 기존의 방식에 대해 의문을 제기하고 개선점을 찾으려 한다. 이러한 성향 덕분에 복잡한 문제 해결과 혁신적인 아이디어 도출에 뛰어난 능력을 보인다. 그러나 비평적 탐구자 성향의 사람들은 때때로 지나치게 분석적이거나 비판적으로 보일 수 있으며, 타인의 감정을 고려하지 못하거나 관계에서 어려움을 겪을 수 있다. 이들은 장기적인 계획을 세우기보다는 그때그때의 상황에 맞춰 행동하는 경향이 있어, 목표를 일관되게 추구하는 데 어려움을 겪을 수 있다. 또한, 감정보다는 논리를 중시하기 때문에 대인관계에서 종종 냉정하게 보일 수 있으며, 타인과의 정서적 연결이 부족해 보일 수 있다. 더불어 특유의 독립적인 성향은 조직에서 종종 타인들과 공감대를 형성하는 데 약간의 불편함을 느끼는 원인이 될 수도 있다.

비평적 탐색자들은 상황에 맞게 적응하는 유연성이 뛰어나며, 새롭게 나타나는 변수에 기민하게 반응하고자 한다. 또한 비평적이고 독창적인 성향으로 인해 독립적이고 개인화된 라이프스타일을 지향한다. 그래서 대체로 자유롭고 구속받지 않는 환경을 선호하며, 지나치게 제한된 틀보다는 개방된 사고를 통해 더 큰 성과를 내는 경우가 많다.

비평적 탐색자 맞춤형 전략

● 개방적인 토론 참여

비평적 탐색자들은 지적인 자극과 토론을 즐기기 때문에, 이들을 해킹하려면 개방적인 토론의 장을 마련하고 다양한 시각을 제시하는 것이 효과적이다. 예를 들어, 이들이 고민하는 문제에 대해 생각하고 있는 해결책을 물어보고, 함께 토론하며 여러 가지 해결책을 논의하는 것이다. 이를 통해 이들은 자신의 사고를 더욱 발전시키고, 새로운 관점에서 문제를 바라볼 수 있게 된다.

● 논리적이고 합리적인 아이디어 제안

비평적 탐구자들은 비논리적인 주장이나 억지를 부리는 것에 매우 민감하다. 이들은 본능적으로 논리적 결함을 포착하고, 이를 비평함으로써 그들의 자아를 실현하는 경향이 강하기 때문이다. 이들을 해킹하기 위해서는 그들이 직면한 문제에 대해 명확한 논리적 근거를 제시하고, 해결을 위한 합리적인 아이디어를 제안하는 것이 효과적이다. 이들은 아무리 좋은 대학과 훌륭한 배경을 가지고 있을지라도, 논리적으로 앞뒤가 맞지 않거나 권위로 찍어 누르는 사람에 대해 결코 존중하는 마음을 갖기 어려워하기 때문에 이러한 부분을 최대한 고려하여 상호작용을 하는 것이 좋다.

CHAPTER 9

인간해킹
메커니즘

인간해킹의
본질적 원리

『인간해킹』의 아홉 번째 챕터 인간해킹 메커니즘은 기본적으로 인간해킹의 본질적 목표와 원리 그리고 이와 관련된 다양한 메커니즘을 설명한다. **인간해킹이라는 개념은 인간의 심리와 관련된 과학적 원리와 인간관계의 본질을 이해하고, 이를 바탕으로 상대방과의 관계에서 더 생산적이고 긍정적인 결과로 나아가는 방법론**을 의미한다. 여기서 '해킹'이라는 용어는 기술적인 관점으로만 해석하기보다는, 인간의 '심리코드'와 그 작동 방식을 파악하고 이를 더 생산적이고 효율적으로 활용하는 것을 의미한다. 인간해킹의 본질적 원리는 바로 이 심리코드, 즉 개인의 심리 성향과 자극-반응 패턴을 이해함으로써 그 코드가 선호하는 행위를 적극적으로 늘리고, 싫어하는 행위를 자제함으로써 서로 간의 의사소통을 더욱 원활하게 만드는 것이다. 이를 통해 인간관계에서 발생하는 비효율성, 오해, 갈등, 감정 낭비 등 다양한 문제들을 최소화하고, 생산적인 교류와 긍정적인 시너지를 도모하는 것이 인간해킹의 본질적인 목표다.

인간의 심리코드는 각자 모두 다르다. 이는 타고난 기질뿐만 아니라 성장 배경, 경험, 가치관, 애착 성향 등 다양한 요소들이 결합하여 형성된다. 그 결과 각 개인은 특정한 상황에서 특정한 반응을 보이는 경향성을 가지게 된다. 그래서 이 경향성, 즉, 상대방의 성격상 무엇을 좋아하고, 무엇을 싫어하는지 파악하는 것이 바로 인간해킹의 첫 번째 단계다. 예를 들어, 어떤 사람은 칭찬과 인정에 강한 동기 부여를 느끼는 반면, 어떤 사람은 실질적인 도움이나 직접적인 행동에서 고마움을 느낄 수 있다. 이러한 차이를 이해하고 그에 맞춰 행동하는 것은 상대방과의 관계를 개선하고, 더욱 깊이 있는 유대감을 형성하는 데 중요한 역할을 한다.

인간해킹의 두 번째 단계는 상대방의 심리적 코드가 좋아하는 행동을 의도적으로 증가시키고, 싫어하는 행동을 의도적으로 줄이는 것이다. 이러한 접근은 단순히 상대방을 기쁘게 하거나 관계를 무난하게 만드는 것을 넘어서, 신뢰를 구축하고 상호 존중을 기반으로 한 인간관계를 형성하는 데 도움을 준다. 예를 들어, 상대방이 감수성이 높고 예민하다면, 대화에서 그의 의견에 우호적으로 임하며 경청하는 태도를 보이는 것이 효과적이다. 반대로, 상대방이 토론과 논쟁을 좋아한다면 지식과 정보에 대한 열띤 토론을 나누고, 논리적이고 풍부한 피드백을 중심으로 대화를 이끌어 나가는 것이 바람직하다.

이러한 과정은 소중한 가족이나 연인 사이에서 서로 당연하게 여겼던 바람과 습관들을 되돌아보는 중요한 계기가 되기도 하며, 소중함을 잊고 살았던 과거의 나를 반성하고 성찰하는 중요한 전환점이 될 수도 있다. 이러한 방식으로 상대방의 심리적 코드를 존중하고 배려하는 행위는, 갈등을 예방하고 감정적 낭비를 줄이며, 더 긍정적이고 생산적인 상호작용을 보장한다.

인간해킹은 상대방의 심리적 코드에 맞춰 행동하는 것만이 아니라, 그 상대의 변화를 유도하는 것에서도 발견할 수 있다. 사람은 상황과 환경에 따라 변할 수 있는 존재이며, 상대방이 스스로 더 긍정적인 방향으로 변하는 데 기여하는 것만큼 가치 있는 일은 세상에 없다. 예를 들어, 쉽게 상처받고 우울해하는 사람이 있다면, 너는 사실 일반적인 사람들보다 더 예민하며, 사람들은 널 공격하려는 의도가 있던 것이 아니라 그저 널 제대로 모를 뿐이라고 설명함으로써, 생각보다 사람들은 악의적이지 않다는 생각을 갖도록 유도하는 것이다. 이를 통해 상대방은 자신이 처한 상황을 보다 객관적이며 긍정적으로 해석하고, 스스로 피해자라는 잘못된 인식을 타개하여 더 나은 방식으로 상황에 대응할 수 있게 된다.

인간해킹의 또 다른 중요한 원리는 서로의 심리적 코드를 이해함으로써, 비효율적인 소통 방식을 개선하고 생산적인 교류로 나아가는 것이다. 인간관계에서 발생하는 많은 문제들은 서로의 코드가 충돌하면서 생기는 경우가 많다. 예를 들어, 한 사람은 미사여구를 뺀 직설적이고 본질적인 내용으로 소통하길 선호하지만, 다른 사람은 돌려 말하더라도 훨씬 부드럽고 배려 깊은 소통을 더 선호할 수 있다.

이러한 차이를 이해하지 못하면 서로의 의도를 오해하게 되고, 그 결과 갈등이 발생할 수 있다. 이로 인해 인간관계가 훼손되면, 관계 회복을 위해 많은 시간과 돈 그리고 감정이 소모될 것은 자명하다. 인간해킹은 이러한 소통의 차이를 미리 인지하고, 상대방이 이해하기 쉬운 방식으로 메시지를 전달함으로써 오해와 갈등을 예방하는 데 큰 역할을 한다.

인간해킹의 본질은 궁극적으로 서로 간의 심리적 안정을 도모하고, 상호 간에 긍정적인 영향을 주고받는 관계를 형성하는 데 있다. 이는 단순히 갈등을 피하는 것을 넘어서, 서로의 강점을 최대한 발휘할 수 있는 환경을 조성하는 것이다. 예를 들어, 한 사람이 계획적이고 조직적인 성향이라면, 그에게는 이러한 성향을 발휘할 수 있는 역할을 부여하고, 이를 통해 성취감을 느끼게 하는 것이다. 반대로, 즉흥적이고 창의적인 성향의 사람에게는 그에 맞는 자유로운 환경을 제공함으로써, 그가 자신의 강점을 발휘할 수 있도록 돕는다. 이러한 행위들이 자연스럽게 일어나기 위해서는 많은 시행착오와 현명한 리더가 필요하지만, 만약 심리코드를 해킹할 수 있는 방법을 알고 있다면 시간과 인력의 낭비 없이 빠르게 상호 보완적인 관계를 유도할 수 있다. 이를 통해 우리는 개인의 성장을 촉진할 뿐만 아니라, 전체적인 팀이나 조직의 생산성을 향상시킬 수 있다.

심리학적 관점에서 볼 때, 인간해킹은 긍정적 강화와 행동 수정의 원리에 근거한 구조를 갖는다. 특정한 행동에 대한 긍정적인 반응을 증가시키고, 부정적인 행동에 대한 반응을 줄임으로써, 상대방의 행동 패턴을 변화시키는 것이다. 이는 상대방의 심리적인 니즈를 충족시킴으로써 그가 더 나은 방향으로 행동하도록 유도하는 과정이며, 이를 통해 인간관계에서의 비효율성을 최소화하고 생산성을 극대화할 수 있다.

또한, 정신분석적 측면에서 인간해킹은 자아와 타자의 경계를 인식하고, 그 경계를 중심으로 상호 간의 긍정적인 변화를 이끌어 가는 과정으로 볼 수 있다. 인간해킹은 이미 파악한 상대방의 성향을 바탕으로 그 이면의 무의식적인 욕구와 방어기제의 관계를 간파하여, 적절한 방법으로 동기를 자극하여 자신의 잠재력을 최대한 발휘할 수 있게 도울 수 있다. 이를 통해 상대방은 자신의 심리적 코드를 스스로 인식하고, 그 코드를 긍정적인 방향으로 변화시키는 능력을 기르게 된다.

결국 인간해킹은 상대방의 심리적 코드를 이해하고, 선호하는 행동을 증가시키고 싫어하는 행동을 줄임으로써, 인간관계에서 발생하는 불필요한 갈등을 최소화하고 서로의 관계를 보다 생산적이고 의미 있게 만드는 중요한 도구이자 통찰이다.

성격과
행동 패턴의 관계

인간해킹의 본질적 원리를 이해하는 과정에서 가장 먼저 살펴보아야 할 것은 바로 성격과 행동 패턴 사이의 관계이다. 우리가 흔히 말하는 '성격'이란 정확히 무엇인가? 그리고 우리는 어떻게 스스로와 다른 사람의 성격을 인식하는가? 성격은 성장 과정 내내 가정과 학교에서 반복적으로 접했던 개념이며, 나 자신뿐만 아니라 타인을 이해하고 예측하는 데 필수적이지만, 그 과정에서 오류가 발생할 가능성도 크다. 행동 패턴이 성격으로 인식되는 과정을 설명하기 위해 인간을 인식하는 원리, 성격의 정의, 그리고 성격 인식에서 발생할 수 있는 오류들에 대해 다루어 보고자 한다.

우리가 인간을 인식하는 원리

인간을 인식하는 과정에서 우리는 타인의 행동 패턴을 관찰하고 이를 일반화하여 '성격'이라는 개념으로 만들게 된다. 이 과정은 매우 본능적으로 일어나며 또한 자연스럽게 답습되었다. 다른 사람의 행동을 반복적으로 관찰하면서 우리는 그 사람이 어떤 성향을 가지고 있는지, 어떻게 반응할 가능성이 높은지를 파악하게 된다. 예를 들어, 어떤 사람이 매번 새로운 사람을 만날 때마다 친절하고 활발하게 대화를 시도한다면 우리는 그 사람을 '외향적이고, 사교적이다'라고 일반화할 수 있다.

이러한 일반화는 인간의 인지 과정에서 필수적인 역할을 한다. 우리는 주변의 모든 사람을 각각의 행동마다 독립적으로 분석할 수 없으므로, 관찰한 행동들을 종합하여 성격이라는 하나의 개념으로 단순화하는 것이다. 일반화는 더 고차원적인 사고를 가능하게 만드는 필수적인 과정으로써, 전반적인 행동 패턴을 성격으로써 치환함으로써 상대방의 행동을 더 잘 예측하게끔 도와주는 기능을 한다. 예를 들어, 우리가 어떤 사람을 '외향적이고 사교적'이라고 인식한다면, 그 사람과 만날 때 그 사람이 나에게 대하는 것처럼 똑같이 활발하게 대화하려 노력할 것이다. 이처럼 우리는 인간을 인식할 때 그들의 행동 패턴을 통해 성격을 추론하고, 그 성격을 바탕으로 상호작용의 전략을 세운다.

성격의 정의

성격이란 결국 개별 행동의 집합이다. 사람들은 각자의 생활 속에서 수많은 행동을 보이며, 그 행동들이 일정한 패턴을 이룰 때 우리는 그 사람의 성격을 정의하게 된다. 다시 말해, 성격은 개인이 특정한 상황에서 보이는 행동을 일정한 방식으로 종합하고 해석한 결과물이다. 예를 들어, 어떤 사람이 매사에 신중하고 계획적인 태도를 보인다면 우리는 그 사람의 성격을 '신중하고 계획적이다'라고 정의할 수 있다.

성격은 반복적인 행동의 결과적 해석이기 때문에 그 사람의 정체성을 대체할 수도 있게 된다. 서로 직접적인 대화가 없더라도, 우리는 드러난 그들의 행동과 반응 패턴을 통해 그 사람을 보고 듣고 느끼게 될 수밖에 없기 때문이다. 그래서 상대방의 행동 패턴을 얼마나 잘 그리고 정확하게 인지하여 성격이라는 하나의 모델로서 받아들이느냐는 정말 중요하다. 물론 상대방의 행동을 면밀하게 관찰하는 것부터 잘해내야 하겠지만, 결국에는 그 패턴을 얼마나 제대로 또 정확히 이해하느냐에 따라 그 사람의 성격에 대한 인식은 180도 달라진다. 그러나 이 과정에서 정말 중요한 것은, 관찰한 행동들이 단순히 일회성으로 발생한 것인지, 아니면 지속적이고 일관된 패턴을 보여주는 것인지를 구별하는 것이다. 예를 들어, 한 사람이 단 한 번의 대화에서 화를 냈다고 해서 그를 '화가 많은 사람'으로 정의하는 것은 성급한 일반화일 수 있다. 따라서 성격을 정의할 때는 다양한 상황에서 나타나는 행동들을 종합적으로 관찰하고, 그 행동들이 일관성을 보이는지를 평가하는 과정이 필요하다.

성격 인식의 오류 가능성

성격을 인식하는 과정에서 우리는 여러 가지 오류를 범할 수 있다. 첫째, 개인이 스스로 자신의 성격을 잘 모르거나 확신이 없는 경우이다. 사람은 자신에 대해 가장 잘 안다고 생각하지만, 실제로는 자신의 성향을 제대로 이해하지 못하는 경우가 많다. 물론 이는 자아 인식의 한계 때문이기도 하며, 자신을 객관적으로 바라보는 것은 구조적으로 한계가 있다는 점에서 당연히 어려울 수밖에 없다. 예를 들어, 자신이 매우 친절하다고 생각하지만, 실제로는 그저 자신의 평판에 도움이 되는 사람에게만 친절할 뿐, 그렇지 않은 사람에게는 냉소적이고 차가울 수도 있다.

또한, 사람은 동기에 의한 추론이나 확증편향으로 인해 실제 자신의 모습이 아닌, 되고 싶은 모습을 투영할 수도 있다. 예를 들어, 자신은 실제로 우유부단하고 집중력이 약한 사람이지만, 스스로 결단력 있고 차분한 사람이 되고 싶다는 강력한 동기로 인해 자신의 성격을 인식하는 과정에서 오류가 생길 수도 있다. 이러한 자기 인식의 오류는 다른 사람들에게 오해를 불러일으킬 수도 있을 뿐만 아니라, 스스로에게 어울리지 않고 역효과가 심한 환경을 선택한다거나 비효율적인 방법론을 선택하는 우를 범할 수 있다.

둘째, 인간은 완벽할 수 없다는 태생적 한계로 인해 성격 인식에서 오류가 발생할 수 있다. 일단 사람은 생체적 특성상 항상 100% 일관되게 행동할 수 없다. 같은 양의 식사를 하고, 같은 장소에서 훈련을 하더라도, 컨디션에 따라 달리기나 점프 기록이 달라지는 것이 인간이다. 이러한 태생적 한계로 인해 스스로의 성격을 인식하는 과정에서 잘못된 행동을 확대 해석 하게 될 수 있다는 것이다. 이를 제대로 이해하지 못하고 이를 성격의 일부분으로 일반화하게 되면 잘못된 판단을 내리게 된다.

셋째, 성격 인식의 오류는 일시적인 감정이나 특수한 환경으로 인한 착각에서 비롯될 수 있다. 실제로 특정한 감정 상태나 환경에서의 행동이 성격으로 잘못 해석되는 경우는 흔하게 나타난다. 예를 들어, 어떤 사람이 특별한 환경에서 극도로 긴장한 나머지 말을 잘하지 못한다면, 우리는 그 사람을 '내성적이다'라고 잘못 판단할 수 있다. 그러나 이 행동은 단지 그 특정 상황에서 나타난 일시적인 반응일 뿐, 그 사람의 본래 성격을 나타내는 것은 아닐 수 있다. 따라서 성격을 정의할 때는 일시적인 감정이나 특수한 환경이 그 행동에 미친 영향을 충분히 고려해야 한다.

이처럼 우리가 성격을 인식하는 과정에서 수많은 변수와 오류 가능성이 존재한다. 이러한 오류를 최소화하기 위해서는 다양한 상황에서의 행동을 종합적으로 평가할 수 있는 심리학적 지식과 더불어 잘 만들어진 심리검사와 같은 전문적인 도구가 필요하다. 더 나아가 몇 가지 행동만으로 성격을 속단하지 않으며, 상대방의 성향을 유연하게 이해하고, 내 예상과는 다를 수도 있다는 가능성을 열어두는 개방적인 태도가 중요하다. 인간해킹의 본질은 바로 이러한 성격과 행동 패턴의 관계를 이해하고, 그 관계에서 발생할 수 있는 오류를 줄여나가면서 상대방과의 상호작용을 최적화하는 데 있다.

자극과
반응 메커니즘

　인간해킹의 본질적 원리를 이해하기 위해 중요한 요소 중 하나는 자극과 그에 따른 반응의 관계, 즉 '자극과 반응 메커니즘'이다. 사람들은 다양한 자극에 대해 고유한 방식으로 반응하며, 이러한 반응은 그들의 성격을 이해하는 중요한 단서를 제공한다. 이 책에서는 자극과 반응 메커니즘이 어떻게 성격을 형성하고 드러내는지를 탐구하며, 이를 통해 인간의 행동 패턴을 보다 잘 이해하고 예측할 수 있는 방법을 제안한다.

성격 파악의 핵심:
특정 자극에 대한 반응 패턴

　성격을 파악하기 위한 코어 메커니즘은 특정 자극에 대한 반응 패턴을 관찰하고 이를 일반화하는 과정의 원리를 설명한다. 사람들은 같은 자극에 대해서도 각기 다른 방식으로 반응하며, 이러한 반응이 일관되게 반복될 때 우리는 그것을 그 사람의 성격으로 인식하게 된다. 실제로, 갑작스러운 변화라는 자극에 대해 어떤 사람은 흥분과 호기심으로 반응하는 반면, 다른 사람은 불안과 회피로 반응할 수 있다. 이러한 반응의 차이를 통해 각기 다른 사람의 성격을 구별할 수 있게 된다.

이렇게 특정 자극에 대한 반응을 관찰함으로써 우리는 그 사람의 고유한 개성을 이해하고, 이를 성격 모델로 일반화할 수 있다. 자극에 대한 반응 패턴이 일관성을 보일수록 그 성격은 더 명확하게 드러나게 되며, 이는 상대방의 행동을 예측하거나 관계에서 발생할 수 있는 문제를 사전에 방지하는 데 중요한 역할을 한다. 예를 들어, 어떤 사람이 비판이라는 자극에 대해 방어적인 태도를 오랫동안 반복적으로 보인다면, 우리는 그 사람이 비판에 대해 민감하게 반응한다는 사실을 인지하고, 그와의 교류에서 이를 고려할 수 있다. 수많은 심리검사가 이러한 원리를 적용하여, 피험자가 스스로 본인의 과거 행동 패턴을 되돌아보며 얼마나 반복적으로 또 일관되게 특정 행동을 해왔는지를 떠올리게 만든다. 이러한 방식으로 반응 패턴을 선호(preference)화 혹은 일반화함으로써 우리는 상대방의 성격을 모델링하고, 그에 맞춘 적절한 대응 방식을 선택할 수 있게 된다.

변수 구분:
일반화할 수 있는가

자극에 대한 반응은 단순히 성격에 의해서만 결정되는 것은 아니다. 자극-반응 패턴을 이해하기 위해서는 다양한 변수들을 고려해야 한다. 중요한 것은 반응이 그 사람의 고유한 성격 때문인지, 아니면 특정한 상황이나 환경적 조건, 감정 상태 등에 의해 영향을 받은 것인지를 구분하는 것이다. 이를 구분하는 것은 그 사람의 성격을 정확하게 파악하고, 적절한 대응 방식을 찾는 데 매우 중요하다. 동일한 자극에 대해 다른 사람들이 각기 다른 반응을 보일 수 있는 이유는 그들의 성격뿐만 아니라, 그 당시의 상황적 맥락이나 감정 상태에 의해 영향을 받을 수 있기 때문이다. 예를 들어, 어떤 사람이 평소에는 매우 온화하고 평화 지향적인 사람이지만, 1년이 넘는 기간 동안 피 말리는 이혼 소송이 진행 중인 상황에서는 똑같은 농담에도 갑자기 화를 낼 수 있다. 이러한 반응의 차이는 그 사람의 성격적 특성보다는 그 당시의 에너지 상태나 감정 상태에 더 큰 영향을 받은 것이다. 따라서, 특정 반응을 성격으로 일반화하기 전에, 그 반응이 일어난 상황적 요인을 명확히 구분하여 분석해야 한다.

또한, 환경적 조건도 자극-반응 패턴에 큰 영향을 미치는 변수로 작용한다. 예를 들어, 어떤 사람은 외국 관광지에서 경계적이고 조심스러운 반응을 보이지만, 익숙한 환경에서는 대범하고 적극적인 태도를 보일 수 있다. 이처럼 자극에 대한 반응은 그 사람이 처한 환경적 요인에 따라 달라질 수 있으며, 이를 이해하지 못하고 단순히 심리 성향일 것으로 일반화한다면 오해가 생길 수 있다. 따라서 자극-반응 패턴을 분석할 때는 그 사람이 어떤 환경에서 반응을 보였는지, 그리고 그 환경이 그 사람에게 어떤 영향을 미쳤는지를 고려해야 한다.

더불어, 일시적인 감정 역시 자극-반응 패턴에 큰 변화를 일으키는 변수 중 하나다. 사람은 현재 느끼고 있는 감정에 따라 동일한 자극에도 매우 다르게 반응할 수 있다. 긍정적인 감정 상태에서는 비판적인 피드백을 발전의 기회로 받아들일 수 있지만, 부정적인 감정 상태에서는 이를 공격으로 느끼고 오히려 공격적으로 대응하거나 회피하며 돌아서는 등의 반응이 나올 수 있다. 이러한 감정 상태는 일시적이기 때문에, 특정한 감정 상태에서 나타난 반응을 그 사람의 성격으로 오인하지 않도록 주의해야 한다.

사람들이 타인의 성격을 규정하고 판단할 때 가장 자주 범하는 실수는 특정한 반응 몇 개만 가지고 결론을 내리는 것이다. 일반적인 경향성을 반영하는지, 아니면 특정한 상황에 대한 일회성 반응인지를 구분하려는 최소한의 노력조차 하지 않는 행위는 타인에게 무례한 행위이며, 스스로를 잘못된 편견과 오판을 기반으로 한 행동을 하게 만드는 행위이다. 인간의 행동은 매우 복잡하고 다차원적이기 때문에, 단 한 번의 반응을 보고 그 사람의 성격을 단정 짓는 것은 위험하다. 따라서 우리는 그 사람의 다양한 상황 속에서의 반응을 종합적으로 관찰하고, 그 행동들이 일관되게 나타나는지 확인하기 위해 인내심을 가져야 한다.

자극과 반응 메커니즘은 인간의 심리코드를 이해하고 모델링하는 데 있어 매우 중요한 역할을 한다. 특정 자극에 대한 반응 패턴을 관찰하고 이를 일반화함으로써 우리는 그 사람의 성격을 하나의 모델로 이해할 수 있으며, 이는 상대방의 행동을 예측하고 효과적으로 대응하는 데 중요한 도구가 된다. 그러나 자극-반응 패턴을 분석할 때는 그 반응이 성격에 의한 것인지, 아니면 특정한 상황이나 감정 상태 등에 의해 영향을 받은 것인지를 구분하는 것이 필요하다. 이러한 변수들을 고려함으로써 우리는 상대방의 성격을 더 정확하게 이해하고, 인간관계에서 발생할 수 있는 불필요한 갈등을 줄일 수 있으며, 보다 생산적이고 긍정적인 사회를 만들어 나갈 수 있다.

감정과
행동 메커니즘

인간해킹의 본질적 원리에 있어 가장 중요한 요소는 바로 '감정'이다. 해킹의 성공률을 올리기 위해서는 감정과 행동의 인과관계에 대해 깊은 통찰이 필요하다. 감정은 인간 행동의 중요한 에너지로써, 우리의 모든 행동에 절대적인 영향을 미친다.

감정이 행동에 미치는 영향

감정은 인간 행동을 이해하는 데 있어 가장 중요한 요소이다. 동일한 자극에 대해서도 사람들이 각기 다르게 반응하는 이유 중 가장 절대적인 하나는 바로 감정이다. 감정은 단순히 일시적인 기분이나 느낌에 그치지 않고, 우리의 행동과 반응에 깊이 작용하여 특정한 심리 성향으로 이끈다. 자극과 반응의 메커니즘을 이해하려면, 감정이 어떤 식으로 행동을 유도하고 통제하는지를 살펴볼 필요가 있다.

사람들은 일상생활에서 수많은 감정을 경험한다. 그리고 이러한 감정들은 그들이 내리는 결정이나 행동에 영향을 미친다. 예를 들어,

누군가가 자신을 인정해 주는 말을 들었을 때 기쁨이라는 긍정적인 감정을 느낀다면, 그 사람은 더욱 긍정적인 행동을 보일 가능성이 높다. 반대로, 비난의 말을 들었을 때 분노나 슬픔과 같은 부정적인 감정을 느끼면 방어적이거나 회피적인 행동을 보이게 될 것이다. 이처럼 감정은 자극에 대한 반응을 결정짓는 중요한 역할을 하며, 특히 강렬한 감정일수록 그 행동에 미치는 영향도 커진다.

또한, 감정은 감수성이나 감성 같은 보이지 않는 영역에도 영향을 미친다. 감수성은 감정에 대한 민감도이며, 감성이란 감정을 인식하고 처리하는 능력이다. 감정이 강렬할수록 민감해지고, 이는 특정 자극에 대해 더욱 강렬한 반응을 일으키는 결과를 초래할 수 있다. 예를 들어, 공포라는 감정은 위험민감성을 자극하여 즉각적인 회피 행동을 유발한다. 또한, 불안이라는 감정 역시 같은 맥락에서 위기에 대비하고 준비하게 만드는 행동을 유발한다. 이러한 감정은 인간의 생존율을 끌어올리고 현재의 번영을 이끈 절대적인 역할을 갖고 있다. 그래서 인간의 특정 행동의 근본적인 동기를 이해하는 데 있어 매우 중요하며, 감정이 행동의 메커니즘에 미치는 영향력을 파악하는 것은 인간해킹의 정수라고 할 수 있다.

또한, 감정은 행동의 지속성과 변화 가능성에도 중요한 영향을 미친다. 긍정적인 감정은 행동을 지속하게 만드는 반면, 부정적인 감정은 행동을 중단하거나 다른 행동을 시도하도록 유도한다. 예를 들어,

어떤 행동을 할 때 보람과 즐거움을 느낀다면 그 행동을 계속하려는 경향이 강해진다. 반대로, 그 행동이 스트레스와 불안감을 유발한다면 이를 피하고자 하거나, 다른 대안을 모색하게 된다. 따라서 감정이 행동에 미치는 영향을 이해하고 이를 적절히 다루는 것은 인간의 행동을 이해하고 예측하는 데 필수적이다.

감정 변화 중심의 해킹 전략 수립

인간해킹에서 감정을 변화시키는 것은 가장 유효하고 합리적인 방법이다. 왜냐하면, 감정 변화는 행동 변화를 유발하는 핵심 메커니즘이기 때문이다. 사람들은 감정에 의해 지배받고, 감정에 따라 행동 방식을 결정한다. 실제로 인간이 범하는 대표적인 오류인 동기에 의한 추론이나 확증편향의 경우, 비록 틀린 판단일지라도 그 판단을 내리는 것이 본인에게 확신과 안정이라는 긍정적인 감정을 불러일으키기 때문이다. 따라서 감정을 해킹하고 이를 긍정적인 방향으로 변화시키는 것은 인간 행동을 조절하고, 인간관계에서 발생하는 문제를 해결하는 데 중요한 역할을 한다.

솔직히, 인간해킹은 매우 어렵고 복잡한 미션이다. 비록 이 책을 제대로 탐독하고 통찰을 통해 제대로 소화했을지라도, 실제로 이를 적용하는 것은 또 다른 차원의 문제이다. 그래서 처음 해킹 전략을 수립할 때는 대상의 감정 상태를 중심으로, 그 감정을 긍정적으로 변화시킬 수 있는 접근 방식을 고려해야 한다. 예를 들어, 상대방이 불안해하는 상황에서는 불안을 해소할 수 있는 정보를 제공하거나, 그들이 안도감을 느낄 수 있는 환경을 조성하는 것이 중요하다. 이처럼 감정을 해킹하여 긍정적인 방향으로 변화시키는 것은 상대방의 행동을 유도하고, 더 나아가 상호작용을 더욱 원활하게 만드는 데 효과적이다.

감정 변화의 해킹 전략을 수립하기 위해서는 먼저, 상대방이 특정 자극에 대해 어떤 감정을 느끼는지를 정확히 파악해야 한다. 감정이 행동에 미치는 영향을 이해하기 위해서는 상대방의 감정적 반응 패턴을 인식하고, 그들이 어떤 상황에서 긍정적인 감정을 느끼고, 어떤 상황에서 부정적인 감정을 느끼는지를 파악하는 것이 중요하다. 예를 들어, 어떤 사람이 혼자 있을 때 긍정적인 감정을 느끼고, 그에 따라 자율성과 독립성이 확보되어야만 적극적으로 임하는 경향이 있다면, 그 사람을 해킹하기 위해서는 시간과 공간을 부여하며 권한을 할당하는 것이 대표적인 인간해킹 전략이 될 수 있다.

둘째, 감정을 유발하는 자극을 적절히 조절하는 것이다. 특정한 자극이 긍정적인 감정을 유발한다면 그 자극을 의도적으로 증가시키고, 반대로 부정적인 감정을 유발하는 자극은 줄이는 방식으로 접근할 수 있다. 예를 들어, 누군가가 불편함을 느끼는 상황을 반복적으로 마주하게 된다면, 그 사람은 그 상황에 대해 부정적인 감정을 느끼고 회피하려 할 것이다. 이럴 때는 불편함을 유발하는 자극을 줄이고, 대신 안정감과 안도감을 느낄 수 있는 자극을 제공함으로써 감정 상태를 긍정적으로 변화시킬 수 있다. 이를 통해 상대방의 행동을 더 바람직한 방향으로 유도할 수 있다.

결국 감정은 인간 행동의 주요한 원동력이며, 감정 변화를 중심으로 해킹 전략을 수립하는 것은 인간 행동을 변화시키고자 할 때 가장 반응이 빠를 것이다. 또한, 가족이나 연인 관계에서 빈번하게 발생하는 문제에 대해 가장 효과적인 개선책을 모색하는 데 중요한 역할을 한다.

불안과
행동 메커니즘

불안은 인간의 행동을 이해하고 예측하는 데 있어 매우 중요한 감정이다. 불안은 인간의 생존을 위한 원초적인 감정이기 때문에, 사람들은 불안을 느낄 때 여러 가지 방식으로 이를 다스리려고 할 수밖에 없다. 인간해킹의 본질을 이해하기 위해서는 불안이 어떻게 행동에 영향을 미치고, 사람들이 불안에 대처하기 위해 사용하는 방어기제를 어떻게 파악할 수 있는지를 깊이 있게 분석해야 한다.

감정이 행동에 미치는 영향: 불안

불안은 인간이 생존하기 위한 가장 원초적인 상태다. 불안은 외부의 위협이나 내적인 갈등에 대한 반응으로 발현되며, 이는 생존을 위해 중요한 역할을 한다. 불안을 느끼는 개체들은 위험을 회피하고 경계를 강화함으로써 더 오래 생존할 수 있었고, 그래서 불안은 자연스럽게 인간에게 필수적인 상태로 자리 잡았다. 현대 사회에서 불안은 종종 부정적인 감정으로 묘사되지만, 실제로 많은 성공한 사람들 또는 행복하고 건강한 사람들은 불안을 어떻게 다스리는지를 터득한 대표적인 사례이다. 이들은 불안을 가장 직관적이고 효과적으로 다스리는 과정을 통해 자신의 목표를 이루고 성취를 달성해 왔다.

사람들은 불안을 느낄 때 각자 다양한 방식으로 반응한다. 예를 들어, 어떤 사람은 미래에 대해 불안을 느낄 때 이를 극복하기 위해 목표를 설정하고 그 목표를 달성하기 위해 행동을 계획한다. 이들은 불안을 긍정적인 에너지로 전환하여 생산적인 결과를 만들어 냄으로써 불안을 다스리는 순환을 만들어 낼 것이다. 반면에, 어떤 사람들은 불안을 느낄 때 회피적인 행동을 보이기도 한다. 이들은 불안을 유발하는 상황이나 사람으로부터 도망치거나, 다른 즐거운 감정으로 대체하기 위해 친구들과 술을 마시거나 게임을 함으로써 단기적인 안도감을 얻는다. 이러한 불안에 대한 반응은 개인의 성격과 경험에 따라 달라지며, 이를 제대로 이해할 필요가 있다는 것은 아무리 강조해도 결코 지나치지 않다.

불안은 사람들의 일상적인 행동에도 지배적인 영향을 미친다. 예를 들어, 중요한 발표를 앞두고 불안을 느끼는 사람은 그 불안을 해소하기 위해 준비를 철저히 하거나, 반대로 그 불안 때문에 아예 준비를 미루는 경우가 있다. 이러한 행동의 차이는 불안을 어떻게 다루느냐에 따라 달라지며, 사람마다 불안을 대하는 방식은 매우 다르다. 불안을 효과적으로 다루는 사람들은 그 감정을 생산적인 행동으로 전환하고, 그렇지 못한 사람들은 회피를 반복하며 우울과 무기력에 빠지게 된다. 따라서 불안이 행동에 미치는 영향을 이해하고, 이를 바탕으로 적절한 전략을 수립하는 것은 인간해킹의 중요한 요소다.

불안에 대처하는 방법: 방어기제

불안에 대처하는 과정에서 사람들은 여러 가지 방어기제를 사용한다. 방어기제란 불안을 감소시키기 위해 무의식적으로 사용하는 심리적 메커니즘으로, 이는 불안한 상황에서 자신을 보호하기 위한 행동이다. 이러한 방어기제는 사람의 성격적 특성과 상황에 따라 다르게 나타나며, 이를 이해하는 것은 인간해킹의 중요한 전략 수립에 도움이 된다.

실례로 준거성이 강한 성향이라면 사람들은 불안을 느낄 때 이를 논리적으로 분석하고 문제를 해결하려는 경향이 있다. 이들은 불안을 줄이기 위해 문제의 원인을 찾고, 이를 해결할 수 있는 구체적인 계획을 세운다. 여기서 더 불안이 심해지면 모든 감정을 배제해 버리고 오로지 논리와 숫자로만 판단하는 경우로 발전할 수도 있게 된다. 반면, 협조성이 강한 사람들은 불안을 느낄 때 자신의 감정을 공유하거나 타인과의 관계를 통해 안정을 찾으려 한다. 이들은 자신의 입장과 처지를 공감받거나, 자신의 감정을 솔직히 나누며 지지받는 과정을 통해 불안을 완화한다. 이러한 차이를 이해하면, 상대방이 불안을 느낄 때 어떤 방식으로 접근해야 하는지를 파악할 수 있다.

또한, 결정지향성이 높은 경우에는 불안을 느낄 때 이를 통제하기 위해 체계화된 계획을 세우고, 구조화된 접근을 시도한다. 이들은 불안을 줄이기 위해 상황을 명확히 정의하고, 본인이 스스로 통제할 수 있는 것들에 대한 해결 방법에 대한 구조를 그리기 시작한다. 반면, 적응지향성이 높은 사람들은 불안을 덜어내기 위해 기존의 결정을 번복하거나 변경하고, 상황에 따라 즉흥적으로 반응하는 경향이 있다. 이들은 불안을 완화하기 위해 계획보다는 순간순간의 대처를 선호하며, 불확실한 상황에서도 비교적 잘 적응한다.

앞서 언급된 예시와 같이 방어기제는 불안을 다루기 위해 다양한 형태의 행동으로 나타난다. 예를 들어, 공격적인 성향의 사람들은 불안을 느낄 때 그 불안을 외부로 발산하려는 경향이 있다. 이들은 공격적인 행동이나 말로 자신을 방어하려 하고, 이를 통해 불안을 줄이려고 한다. 반면에, 우울하고 심약한 사람들은 불안을 내면화함으로써 슬픔이나 자책으로 전환할 수 있다. 왜냐하면 불안한 상황에서 자책하거나 스스로를 비난함으로써 불안을 다루려는 경향이 있기 때문이다. 이러한 방어기제의 차이를 알아야 상대방이 불안을 느낄 때 어떤 행동을 보일 가능성이 높은지를 예측하고, 그에 맞는 대응 전략을 수립하는 데 큰 도움이 된다.

인간해킹

결국 인간해킹 전략을 수립할 때의 핵심은 상대방이 불안을 느낄 때 사용하는 방어기제를 파악하고, 이를 적절히 활용하는 것이다. 이 책에서의 예시처럼, 준거성과 협조성에 따라 과연 구체적인 해결책을 제시할지 혹은 우호적인 유대감을 통해 그들의 불안을 완화할지를 결정하는 것이다. 또한, 결정지향성이 높은 사람에게는 상황을 명확히 하고 계획을 세우는 것이 중요하다. 이들은 불확실성을 줄이고, 명확한 목표와 절차를 통해 불안을 해소할 수 있다. 반면, 적응지향적인 사람에게는 그들의 자율성과 자발성을 고려하여 적당한 공간을 제공해야 한다. 이들은 지나치게 엄격한 계획보다는 자유롭게 상황에 대응할 수 있을 때 더 큰 안도감을 느끼기 때문이다. 이러한 방어기제에 대한 이해는 상대방의 불안을 효과적으로 다루고, 의사소통을 원활하게 만드는 데 중요한 역할을 한다.

불안과 방어기제 메커니즘은 인간 행동을 이해하고 예측하는 데 있어 어쩌면 이 책 전체의 그 어떤 내용보다도 중요한 요소다. 불안은 인간의 생존을 위한 원초적인 감정으로, 이는 행동에 지대한 영향을 미칠 수밖에 없기 때문이다. 사람들이 불안이라는 감정에 대처하기 위해 사용하는 방어기제를 통해 각각의 성향과 감정 상태를 파악할 수 있으며, 이를 이해하는 것은 인간해킹 전략을 수립하는 데 있어 가장 효과적인 방향이다. 불안에 대한 반응과 방어기제를 파악하고, 이를 바탕으로 한 적절한 접근 방식을 수립함으로써 우리는 상대방과의 관계를 전략적으로 주도할 수 있다.

닫는 말

인간해킹이 필요한 이유

누구나 세상을 바라볼 때 자신의 관점에서 해석한다. 그러나 우리는 이를 비난하거나 탓할 수 없다. 이것은 지극히 인간다운 행동이며, 인간으로 태어난 존재로서 당연한 것이기 때문이다. 그러나 자기중심적인 인식 체계는 인간관계에서 다양한 문제를 일으킬 수 있다. 사람들은 자신이 경험한 것, 자신이 아는 것이 세상의 전부라고 생각하며, 다른 사람도 비슷한 방식으로 생각하고 행동할 것이라고 믿는다. 정치, 사회, 경제, 문화 등 다양한 측면에서 사람들은 대부분 스스로가 옳다고 믿으며 이러한 믿음 위에 우리는 우리의 의견을 표현하고 영향력을 행사한다. 하지만 그 믿음에 대해 스스로 반추하고 개선하려는 노력이 없다면, 타인을 이해하고 그들과 효과적으로 소통하는 데 있어서 오해와 갈등이 발생한다. 인간해킹이 필요한 이유는 바로 이러한 한계를 극복하고, 서로를 더 깊이 이해하며, 효율적으로 소통하기 위해서이다.

현대 사회에서는 오만과 편견이 특히 두드러지게 나타난다. 정보의 홍수 속에서 우리는 무수한 정보들을 마주하지만, 하나의 정보에 깊이 머무를 시간은 점점 줄어들고 있다. 그러기에는 너무나도 자극적인 콘텐츠들이 내 주의를 빼앗고 있기 때문이다. 이러한 시대적 흐름 속에서 사람들은 정보의 단면만 보고, 그것을 바탕으로 상대방을 쉽게 판단하고 단정 지어 버린다. 이런 섣부른 속단과 예단은 편견을 낳으며, 당연히 서로를 진지하게 파악할 최소한의 시간조차 확보하지 못하게 한다. 우리는 상대방의 행동이나 말, 또는 어떤 상황의 단편만으로 그 사람의 성격이나 의도를 일반화해 버리는 오류를 범한다. 이는 오해를 만들고, 갈등을 일으키며, 급기야 서로에게 잊지 못할 상처와 폭력을 남긴다. 『인간해킹』은 이러한 편견과 오만을 줄이고자 기획되었고 집필되었다. 우리는 상대방의 성격을 이해하고, 그들이 왜 그런 방식으로 반응하는지를 이해함으로써, 오만과 편견으로 점철된 나의 무책임한 속단과 확신이 틀릴 수도 있다는 바람직한 의심을 할 수 있다.

최근 급격히 발달한 SNS는 우리들로 하여금 사람의 본질보다는 외적인 것들에 집중하게 만들었다. 사람들은 이제 타인의 성격이나 내면의 아름다움보다는 그들의 외모, 지출, 그리고 겉으로 드러난 스타

일에 더 많은 관심을 두고 있다. 이러한 경향은 인간의 진정한 의미와 아름다움을 물질주의로 변모시키고 있다. 우리는 사람을 그들이 가진 물건, 입은 옷, 보여주는 이미지로 판단하며, 그들의 진정한 내면은 보지 못한 채 지나치는 경우가 많다. 엎친 데 덮친 격으로, 사회가 점점 개인주의화되면서 공동체보다는 개인의 이익이 더 중요하게 여겨지고 있는데, 이는 서로 간의 신중한 대화와 합의가 어려워지는 결과를 초래한다. 사람들은 점점 방어적이고 예민해지며, 타인과의 소통을 피하려는 경향이 강해졌다. 예를 들면, 어릴 적 부모님이 퇴근할 때까지 이웃의 집에서 간식을 먹으며 기다렸던 시절은 요즘에는 거의 전래동화처럼 여겨지는 것처럼 말이다. 이처럼 사생활에 대한 대화나 교류의 빈도는 점점 낮아지고, 서로 깊게 알아갈 수 있는 기회가 줄어들고 있다. 이러한 변화는 인간관계에서 신뢰와 유대를 약화시키고, 갈등이 더 쉽게 발생하는 요인이 된다. 인간해킹은 이러한 개인주의적 경향 속에서 사람들 간의 관계를 다시 회복하고, 서로를 이해하고 배려하는 문화를 조성하는 데 도움을 줄 수 있다. 이를 통해 우리는 다시금 공동체의 가치를 회복하고, 서로 신뢰하며 협력하는 관계를 형성할 수 있다.

우리는 서로 같은 언어를 사용하지만, 진정한 의미에서의 의사소통과 공감은 점점 줄어들고 있다. 과거보다 기술과 지식은 크게 발달했지만, 아이러니하게도 사람들 간의 소통은 오히려 비효율적으로 변하고 있다. 정보통신기술의 발달로 우리는 언제 어디서나 연결될 수 있지만, 그 연결 속에서 진정한 이해와 공감을 이루는 것은 점점 어려워지고 있다. 우리는 메시지를 보내고, 댓글을 남기고, 영상을 공유하지만, 그 속에서 상대방의 감정과 생각을 제대로 이해하지 못하는 경우가 대부분이다. 인간해킹은 이러한 문제의식 속에서 어떻게 하면 세상을 더 이롭게 할 수 있을지에 대한 깊은 고민과 통찰 끝에 탄생했다. 인간관계의 긍정적 변화에 필요한 핵심적인 심리코드를 학습하고 이를 실생활에 적용하는 해킹 원리를 파악한다면, 우리는 이미 파악한 상대방의 성격과 행동 패턴에 따라 최적화된 방식의 소통과 공감을 이룰 수 있다.

인류 사회에서 발생하는 대부분의 문제는 인간끼리의 갈등과 자원의 희소화에서 비롯된다. 자원의 문제는 기술의 발달로 해결해 왔지만, 인간관계에서의 효율적인 의사결정과 소통 문제는 여전히 풀리지 않은 과제다. 인간해킹은 바로 이 문제를 해결하기 위한 해답이다. 인간해킹은 상대방의 성격을 파악하고, 그에 맞는 소통 방식을 찾음으로써 서로 간의 소통을 더 효율적이고 생산적으로 만드는 것을 목표로 한다. 이를 통해 우리는 갈등을 줄이고, 소모되는 에너지를 최소화하며, 더 나아가 서로의 성장을 도울 수 있다.

이 책을 통해 필자는 인간해킹이라는 개념을 제시함으로써, 사람들 간의 관계를 더 나은 방향으로 변화시킬 수 있는 방법론뿐만 아니라, 인류 사회에 갈등과 폭력을 줄이고자 하는 비전과 가치를 표현하고 싶었다. 다만, 인간해킹을 단순히 타인을 통제하는 기술로 오해하지는 않았으면 한다. 서로의 심리코드를 깊이 이해하고, 더 나은 소통을 이루기 위한 익숙하면서도 체계적인 도구로 받아들여지길 희망한다. 『인간해킹』은 저자의 인류에 대한 애정과 사랑을 담았다. 또한, 서로를 이해하고 배려하는 과정을 통해 우리는 더 나은 사회를 만들 수 있을 것이라는 믿음에서 집필되었다. 이 책을 읽는 모든 독자들이 『인간해킹』을 통해 자신을 포함한 우리 모두의 세상을 더 나은 방향으로 변화시킬 수 있기를 희망한다.

인간해킹

초판 1쇄 발행 2025. 1. 23.

지은이 손상윤
펴낸이 김병호
펴낸곳 주식회사 바른북스

편집진행 황금주
디자인 양헌경

등록 2019년 4월 3일 제2019-000040호
주소 서울시 성동구 연무장5길 9-16, 301호 (성수동2가, 블루스톤타워)
대표전화 070-7857-9719 | **경영지원** 02-3409-9719 | **팩스** 070-7610-9820

•바른북스는 여러분의 다양한 아이디어와 원고 투고를 설레는 마음으로 기다리고 있습니다.

이메일 barunbooks21@naver.com | **원고투고** barunbooks21@naver.com
홈페이지 www.barunbooks.com | **공식 블로그** blog.naver.com/barunbooks7
공식 포스트 post.naver.com/barunbooks7 | **페이스북** facebook.com/barunbooks7

ⓒ 손상윤, 2025
ISBN 979-11-7263-933-4 03190